Silvia López

Manual de enseñanza / Volumen I

DISCIPULADO PARA la mujer

AVIVA PRODUCCIONES

Discipulado para la mujer
Silvia López, 2021

Volumen I

Aviva producciones

Gestión y coordinación editorial
Hilda Padrón Basso

Edición
Dianelys Guelmes Pérez

Diseño y maquetación
Dianelys Guelmes Pérez

ISBN:

Manual de enseñanza - Volumen I

páginas

Introducción

¿Qué es discipulado cristiano?

Por definición, un discípulo cristiano es una persona que acepta y colabora en la difusión de las buenas nuevas de Jesucristo. El discipulado cristiano es el proceso mediante el cual los discípulos crecen en el Señor Jesucristo y son equipados por el Espíritu Santo —que habita en nuestros corazones— para vencer las presiones y las pruebas de la vida presente volviéndose más y más parecidos a Jesús. Este proceso requiere que los creyentes respondan a la invitación del Espíritu Santo para examinar sus pensamientos, palabras y acciones, y que las comparen con la palabra de Dios; que estemos en ella diariamente, estudiándola, orándola, y obedeciéndola. Además, debemos estar siempre dispuestos a dar testimonio de la razón de la esperanza que está en nosotros (1ª Pedro 3:15) y a discipular a otros a que anden en el camino de Dios. De acuerdo a las Escrituras, ser un discípulo cristiano implica crecimiento personal.

El llamamiento de Cristo al discipulado es un llamado a la muerte a uno mismo, un rendimiento absoluto a Dios. Jesús compartió con sus discípulos lo que Él considera que es un verdadero seguidor y dijo: «Si alguno quiere venir en pos de mí, niéguese a sí mismo, y tome su cruz, y sígame. Porque todo el que quiera salvar su vida la perderá; y todo el que pierda su vida por causa de mí, éste [*sic*] la salvará» (Mateo 16:24-25). Jesús también les habló diciendo: «Si alguno viene a mí, y no aborrece a su padre, y madre, y mujer, e hijos, y hermanos, y hermanas, y aun también su propia vida, no puede ser mi discípulo. Y el que no lleva su cruz y viene en pos de mí, no puede ser mi discípulo. [...] Así, pues, cualquiera de vosotros que no renuncia a todo lo que posee, no puede ser mi discípulo» (Lucas 14:26-27; 33). Y de nuevo expresó: «Si vosotros permaneciereis en mi palabra, seréis verdaderamente mis discípulos... » (1ª Juan 8:31).

Durante mucho tiempo estuve viendo como maestra la necesidad de un Discipulado dedicado exclusivamente **a la mujer**. Me di cuenta de que necesitamos conocer acerca de algunos temas en los cuales Dios nos habla a nosotras de un modo muy particular y que en lecciones habituales de discipulado no se estudian.

Estaré compartiendo temas sobre ciertos factores que dañan la conducta de la mujer, y esta afectación en ellas sucede precisamente por el desconocimiento de las Escrituras o porque nunca antes se les impartió. Por esta razón las lecciones siguientes deben tratarse como un discipulado, la nueva discípula de Cristo debe practicar cada principio bíblico de este manual para que logren crecer y madurar en la fe.

Dios, por su inmenso amor, trata con nosotras de manera especial a través de la Palabra para que vengamos a su conocimiento y adquiramos sabiduría; luego, estos atributos traerán bienestar al matrimonio y la familia. Solamente una mujer instruida en la palabra de Dios los conoce, acepta por fe y puede practicarlos.

Reconocemos que volvernos a la palabra de Dios trae una renovación del entendimiento y de la conducta. Los mayores conflictos en las iglesias ocurren porque las mujeres no son enseñadas en estas nuevas normas y principios divinos: identidad con Dios, el matrimonio, el hogar, la familia, propósitos y planes de Dios con la vida de una mujer, la autoridad de la Palabra, la posición de la mujer delante de Dios, su función como esposa, las batallas y desafíos que enfrenta en la vida, y muchos otros temas como, su *rol* como madre, centrada en Cristo y reconociendo el amor de Dios. Al considerar estos temas necesarios creí oportuno escribir este manual de discipulado especialmente dedicado a la mujer.

La mujer cristiana debe saber desde el principio cuáles son estos valores y principios morales y de conducta que nos enseña Dios y que son completamente distintos a los que nos enseñaron nuestros padres, la sociedad, los medios de comunicación, religiones y culturas. Los grandes conflictos se originan en una mujer cuando no se estudian estos temas en sus discipulados, ella necesita aprender el diseño de Dios para su vida, abrazar la fe, cuáles son los roles que deben desempeñar como mujer y de esta manera se evitarán muchos problemas en las familias cristianas.

Doy gracias a Dios y al Espíritu Santo que me inspiró a escribir este material de estudio en forma de discipulado en el cual las mujeres pueden ser enseñadas e instruidas sabiamente en la palabra de Dios; desde muy temprano en su conversión, podrán comenzar a caminar conociendo las verdades que Dios habla sobre ellas en cuanto a estos temas tan importantes para una vida saludable y de cambios hacia Dios y hacia los demás.

Estoy segura de que cuando hayas terminado estas lecciones habrás sido renovada en tu mente, conocerás lo diferente que Dios ha diseñado la vida de una mujer, el matrimonio y la familia; estarás agradecida y dispuesta a emprender el camino con nuevas metas que no conocías basadas en principios bíblicos que traen amor, vida y esperanza.

Mi deseo es que, a través de estas lecciones, tú seas una verdadera discípula de Cristo; que puedas discipular a otras que vienen a tu congregación o grupo celular, o a cualquier otra mujer con la que esté obrando el Señor y así puedas crecer en estas áreas tan difíciles en las que necesitamos ser transformadas.

Este material es completamente basado en la palabra de Dios, puede ser usado de manera personal o también para trabajar en grupos. Cada mujer que lo lea será bendecida en sus áreas de necesidad de conocimiento y de transformación; pero también puede ser un instrumento para bendecir a otras que lo necesiten. Dios te bendiga.

Mateo 28:19

> Por tanto, id, y haced discípulos a todas las naciones, bautizándolos en el nombre del Padre, y del Hijo, y del Espíritu Santo, enseñándoles que guarden todas las cosas que os he mandado, y he aquí yo estoy con vosotros todos los días, hasta el fin del mundo. Amén.

Indicaciones para realizar el estudio de este manual

❖ Estudiando la palabra de Dios

Los discípulos deberán contestar una serie de preguntas antes de venir al encuentro con el maestro. Durante la semana estarán estudiando de manera personal la Biblia y teniendo sus propias experiencias con ella. Las preguntas les ayudarán a estudiar de manera profunda la palabra de Dios. Estas preguntas se entregarán una semana antes de comenzar este discipulado para que los alumnos puedan dedicarse a responder el cuestionario. Se puede utilizar otro método que el maestro entienda más eficaz o necesario. También pueden responderse las preguntas antes de la clase donde se requiere de un tiempo para que ellas respondan el cuestionario de manera personal o en grupo.

❖ Profundizando en lo estudiado

El maestro profundizará en lo estudiado. Los discípulos vendrán al encuentro con las respuestas del cuestionario y esto ayudará a entender mejor las enseñanzas durante este tiempo, estas se utilizarán para entrar en cada tema a enseñar, el cuestionario será de apoyo para desarrollar la clase. Lo que le presento al maestro en este punto es solo una ayuda, por lo que puede ampliar más en cada tema si así lo desea.

❖ Aplicación práctica

Estas son tres preguntas de carácter personal que la alumna responderá cuando el maestro finalice la clase para que lo estudiado sea aplicado a la vida de cada una de ellas. Esto es lo que llamamos *preguntas de aplicación* por medio de ellas la alumna puede saber si lo estudiado está teniendo vigencia en su vida y el maestro podrá evaluar la aplicación de la enseñanza en las discípulas. Este paso es de suma importancia, es el testimonio vivo de cada mujer en relación con la palabra de Dios y su poder para transformar vidas.

❖ Conclusiones

En este último tiempo el maestro realizará las conclusiones de la clase. Cada discípula tendrá la oportunidad de rescatar algo de la enseñanza que no logró tomar y ahora el maestro estará resumiendo todo lo enseñado. En este tiempo el maestro se asegurará de que cada alumna haya recibido todo lo enseñado y podrá terminar satisfecho de que sus discípulos están creciendo en el conocimiento de la palabra de Dios.

❖ Sugerencias:

Este material de estudio puede aplicarse de esta manera que hemos indicado, pero también es compatible con otras formas que el maestro encargado del mismo estime apropiado según sus necesidades y que posibilidades tenga, es decir, puede desarrollar el cuestionario de forma oral o en el momento de la clase puede darles un tiempo para responderlas al inicio de esta. Asimismo este material puede ser utilizado como estudio personal.

UNO

Mi nueva identidad.

«De modo que si alguno está en Cristo, nueva criatura es; las cosas viejas pasaron; he aquí todas son hechas nuevas» (2ª de Corintios 5:17).

UNO
Mi nueva identidad.

❖ Introducción

¿Qué es *identidad*?

Identidad no es otra cosa que los *rasgos e información propia que nos distingue o individualiza de los demás*. Esta identidad la adquirimos ya sea del mundo o según Cristo.

¿Sabías que nosotras poseemos una identidad propia que nos distingue una de la otra? Cada ser humano posee su identidad personal. Veamos más explícito este tema a continuación y así podrás conocer mejor tu identidad antigua y la que posees actualmente.

❖ Estudiando la palabra de Dios

a) ¿Cuáles son los rasgos distintivos que te diferencian de otros?

b) ¿Podrías reconocer alguno de esos rasgos que te desagradan y que batallas contra ellos?

c) Según Génesis 2:15- 25, ¿qué rasgos distinguieron a Adán y Eva en el principio?

d) ¿Qué rompió esta relación y a la vez la identidad con la cual Dios los creó?

e) Busque génesis 3 y subraye todo lo que encuentre en relación a la identidad dada por Dios.
f) Según Pablo en Gálatas 5:17-21, ¿cuáles son las obras de la carne y las del Espíritu? Escríbelas en el cuadro.

Obras de la carne		**Frutos del Espíritu**

g) Leamos Lucas 19:1-10, Mateo 4:18-22, Hechos 19:1-19. ¿Quiénes eran estos hombres antes y después de conocer y seguir al Señor?

❖ **Profundizando lo estudiado**

Después de haber estudiado acerca de la identidad en las Escrituras podemos reflexionar en lo siguiente: poseemos una **identidad personal**, existe una **identidad perdida**, pero es posible **recobrarla.** A continuación vamos a profundizar en estos tres aspectos que nos darán detalles de nuestra verdadera identidad que poseemos con Dios

1.1 Identidad personal

Todas poseemos una identidad propia que hemos adquirido desde la niñez y ha sido la que nos distingue de otros. Esta identidad ha sido formada en nosotras, son los rasgos personales nuestros que a veces no son muy agradables y que a muchas nos hacen sufrir por no querer ser como somos.

1.1.1 ¿Cómo la adquirimos?

Bueno, esta identidad la adquirimos por medio de nuestros padres, la sociedad, la cultura, amistades, el medio donde crecemos y nos desarrollamos. Serán nuestros valores y principios los que van a formar nuestra identidad, abarca hasta nuestra mente y conducta y además nuestras creencias.

Todos estos agentes que te mencioné ejercen una influencia poderosa en nosotras y son los que nos estimulan a cultivar y formar nuestra identidad propia, esta, la transmitimos por medio de lo que pensamos que es bueno o malo, lo que concebimos que es correcto o incorrecto; ella abarca nuestros criterios, creencias, conducta, estilo de vida, lenguaje, moral y muchas otras cosas.

Estos valores o principios están muy lejos de lo que Dios ha establecido si no reconocemos a la Biblia como la única regla de enseñanza, fe y práctica. Estos conceptos y principios transmitidos por una gama de entidades culturales, religiosas, sociales y familiares, si no están sometidos a los valores o principios bíblicos serán simplemente una información errada, humana y carnal, transmitida de una generación a otra y que más tarde la terminará heredando nuestra descendencia.

1.1.2 ¿Qué quiere Dios?

Dios quiere que sus hijas sepamos que su deseo es que poseamos rasgos propios de acuerdo a su persona, es una identidad diferente la cual se adquiere por medio de su palabra y de su Espíritu Santo y de un nuevo nacimiento. Esta identidad será completamente diferente a la que nuestros padres, sociedad, cultura y otras personas o entidades nos transmitieron.

a) Lee Génesis 1:26-27 ¿Qué nos dicen estos versículos acerca de esta nueva identidad que quiere darnos Dios?

¿Has entendido?, nos creó Él para ser a su imagen y semejanza, por lo tanto, todas nosotras necesitamos adquirir una nueva y muy diferente naturaleza que será nuestra identidad y que nos caracteriza por ser como Él es y no como somos. Esta nueva identidad refleja los **atributos morales de Dios** —Él es amor, misericordioso, compasivo, paciente, clemente, verdadero, fiel, justo y otros—. Es por eso que al venir a este camino te encuentras a ti misma con tantas dificultades para entender y aceptar los valores y principios cristianos y que son los que Dios ha establecido en su palabra para su pueblo; de ahí que nuestras principales batallas que tenemos que librar están en la mente, Dios quiere que deseemos cambiar toda esa identidad que traemos y que está torcida y que solo es posible por medio del conocimiento de su palabra y su Espíritu Santo. Pero aun cuando Dios creo al hombre y la mujer a su imagen esa identidad que poseían se perdió.

1.2 Identidad perdida

1.2.1 ¿Cómo perdimos esa identidad que Dios desea y que nos distingue a todas y que nos hace semejantes a Él?

- A continuación veremos cómo se perdió esa identidad. Todo comenzó en el principio, cuando Adán y Eva pecaron.

a) Lee Génesis 3:21-24 ¿Qué hizo Dios con Adán y Eva después que ellos pecaron?

La imagen de Dios en el hombre se perdió. Hubo un antes y un después y ahora ellos pecaron y ya no estaban delante de la presencia del Padre, fueron expulsados del Edén. Tanto Adán como Eva perdieron los rasgos de identidad que les permitió tener esa relación tan linda y tan íntima con Él, era una relación tan cercana que dice la Escritura que ellos andaban desnudos ante los ojos de Dios; pero después que desobedecieron a Dios ya no fueron más los mismos.

Adán y Eva le fueron abiertos los ojos, es decir, la maldad que ellos no veían hasta ese momento comenzó a verla, se dieron cuenta de su desnudez, y ahora tenían vergüenza, estaban desnudos delante de Dios y buscaron cubrirse (véase Génesis 3:7-10).

La identidad según Dios la estableció a imagen y semejanza de Él y esta se perdió por el pecado. Esto fue muy doloroso para Dios, le dolió mucho en su corazón que el hombre cayera en tan inmensa equivocación. Dice la Escritura que Dios llegó a arrepentirse de haber creado al hombre (Génesis 6:5), a partir de ese momento toda la humanidad quedó expuesta al pecado y como Adán hemos sido destituidos de la gloria de Dios (Romanos 3:23). Esa identidad creada para el hombre a semejanza e imagen de Dios fue quebrantada por el pecado de Adán y Eva y todos los hombres después de Adán hemos nacido sin esa identidad que ellos tuvieron al principio.

Identidad con valores y principios según Dios nunca más ellos volvieron a tener, la perdieron, la necesidad de nuestro rescate es urgente, solo el rescate de nuestras almas por medio de Cristo puede hacer posible que esta identidad sea recobrada y restaurada.

1.2.2 Entonces, ¿cuál es nuestra identidad sin Cristo?

Como ya estudiamos anteriormente nuestra identidad se define como los rasgos personales que nos identifican y muestran quiénes somos. Esta identidad la heredamos de Adán y Eva, y de generación en generación la transmitimos a nuestros hijos. Somos influenciados por nuestros padres, la sociedad, la cultura de cada país, los medios de comunicación, organismos, religiones y toda clase de personas con las que nos relacionamos.

Puede que esa identidad que posees y rige tus pensamientos y conducta no sean muy agradables y por lo tanto quisieras cambiar; puedes incluso estar conforme contigo pero estar lejos de Dios por el pecado heredado. Esa identidad que portamos y que nos diferencia de otros es la que nos lleva al pecado y nos aleja más y más de Dios, nos separa de Él; es esa vieja naturaleza que no muere pero que podemos someterla al Espíritu Santo y a la palabra de Dios. Nuestro Padre nos trae una nueva naturaleza según su modelo, es una nueva identidad —la verdadera— que nos hace a su imagen y semejanza, y solo reconciliándonos con Él podemos recobrarla, por medio de su palabra y de su poder.

- Lea y responda. Tito 2:11-14

a) ¿Cómo quiere Dios que vivamos nosotras en este mundo?

b) ¿A qué tenemos que renunciar según este texto bíblico?

Gracias a Dios existe una forma de recobrar esa identidad perdida. Desde Adán no había ninguna posibilidad para el hombre de estar agradable delante de Él con los principios y valores que instituyó para que el hombre fuera a imagen suya. Después de la caída de Adán y Eva el hombre nunca más estuvo de acuerdo con el Padre; por medio de los sacrificios Él quiso recuperar esa relación con el hombre, también le dio una Ley a su pueblo, pero el hombre fallaba siempre.

La decición de entregar a su Hijo Jesucristo a morir por el mundo asumiendo así el lugar de **sustituto** entonces fue la solución real y definitiva para que el hombre tuviera esperanza de cambio y vida eterna, esa identidad puede ser recobrada. Veamos a continuación como podemos lograr recuperar lo que perdimos.

1.3 Identidad recobrada

- Lee Isaías 53:1-12

a) A través de este texto podemos conocer todo lo que sufrió el Señor por amor a nosotras. Te invito a leerlo ahora y a subrayar en tu Biblia todas las palabras referentes a su sufrimiento.

Cristo es el único camino, solo si aceptamos su sacrificio, muerte y resurrección podemos recobrar nuestra identidad con Dios. Solamente naciendo de nuevo veremos el reino de Dios (Juan 3:3). Es por medio de Cristo que podemos ser más que vencedoras y es Él quien puede quitar el pecado en nosotras. Su sufrimiento hizo posible que nos librara a nosotras de sufrir las consecuencias del pecado, el pagó con su muerte nuestra redención, perdón y salvación.

Hemos heredado el pecado desde Adán y una identidad totalmente carnal; hemos heredado toda clase de maldad y los valores y principios bíblicos no se han tenido en cuenta. La humanidad entera esta destituida de la gloria de Dios y ha perdido su identidad con Dios. En su misericordia el Señor tuvo un plan para salvarnos y ese plan ya lo conocemos y nos tuvo en cuenta a nosotras, que por medio de su Hijo Jesucristo vendría la salvación a este mundo. De ese modo, aceptando el sacrificio de Cristo, podemos nacer de nuevo y así ver y entrar en el reino de Dios adquiriendo una nueva identidad. Esta identidad está establecida teniendo en cuenta los valores y principios bíblicos que podemos ver y aprender en su palabra. Dios nos enseña a vivir un estilo de vida completamente diferente al que aprendimos de nuestros padres, familiares, amistades, y la sociedad.

Nuestra mente, espíritu y alma es renovada y somos transformadas hasta llegar a ser a su imagen y semejanza. El Señor desea ahora que vivamos en el espíritu, practicando la verdad y abundando en el fruto del Espíritu Santo y no más en la carne y que transmitamos a las otras generaciones esos nuevos valores que Dios estableció y que ahora hemos recibido.

b) Escribe lo que dice Efesios 4:22-24

Un nuevo nacimiento es parte del plan de Dios para nosotras. Cuando nacemos de nuevo todo es nuevo, nuestra mente se renueva y ahora comenzamos a ver y a aceptar el reino de Dios que involucra su Espíritu y su palabra, nuestras acciones serán otras a partir de lo que comencemos a considerar correcto o incorrecto por medio de la palabra de Dios, y nuestro hablar será diferente porque depende de lo que creemos ahora; Dios se ocupa de ayudarnos con su Espíritu Santo y la Escritura. La obra redentora de Cristo involucra no solo sacrificio para perdonarnos y darnos salvación sino también nuestra alma en la que opera el poder de Dios para una regeneración y santificación mostrando una nueva identidad. Esta identidad cultivará en nosotras los valores y principios éticos y morales de Dios porque hemos nacido de su Espíritu y ya no queremos ser más aquellas mujeres con la identidad pasada que estaba tan lejos de Dios y de su palabra.

El plan de Dios se cumple en todas nosotras cuando comenzamos a ser una nueva criatura por medio de su Espíritu Santo y su palabra rompiendo esa identidad imperfecta y vil que traemos ante Él, verdaderamente arrepentidas. Esta identidad recobrada consiste en aceptar y querer portar en nuestra mente, espíritu, alma y conducta diaria cada valor o principio bíblico que Él ha establecido y ha escrito en los corazones de quienes le aman.

Es posible que algunas cosas que Dios te dice que hagas o que no hagas no las entiendas, pero es necesario que las aceptes y ores a Dios para que te ayude a poder actuar como Él quiere; su voluntad en nosotras es hacernos mejores personas, mujeres, madres e hijas. Vivíamos sujetas a esclavitud, a reglas y conceptos de esta vida que heredamos de nuestros antecesores. Ellos nos transmitieron lo que heredaron de otros antes de ellos y así una generación a otra portando religiones, culturas, estilos de vida, maldiciones generacionales, vicios, maldades, valores y principios morales ajenos a Dios y muy diferentes a los que Él considera que son correctos o agradables —y muchas otras cosas que solo tú sabes cuáles son—. También recibimos de la sociedad y los que nos rodean y que influyen en esa identidad que portamos; pero, ¡qué bueno que Jesús nos salió al encuentro con bendiciones de bien! (Salmos 21:3). Él nos ayuda a salir de esa identidad trastornada y vil y nos lleva a otra según sus propios principios, una identidad llena de paz y bendición.

c) Leamos Efesios 4:20-32. Haz una lista de todo lo que Dios desea que habite en nosotras, en nuestra nueva identidad con Él y que aparece en este texto bíblico.

❖ Aplicación práctica

a) ¿Cuáles son algunos rasgos de tu identidad pasada que aún estás luchando con ellos?

b) ¿Quién puede darnos esa nueva identidad y cómo?

c) Según Colosenses 3: 5-14, ¿cuál es nuestra actual vestidura que nos identifica con esa nueva identidad?

❖ Conclusiones

Espero hayas entendido que recibiste una **nueva identidad** por medio de Cristo; esta identidad contiene una serie de valores y principios muy diferentes a los que has estado practicando hasta el momento que le conociste. Toda la información que necesitas está en la Palabra y es allí donde conocerás mejor a Jesús; los valores humanos, sociales y morales serán ahora tu identidad con Él. Sus enseñanzas, con la ayuda del Espíritu Santo, obrarán en ti transformando tu persona. Tu mente y espíritu serán renovados y consecuentemente cambiarás de actitud; aquellas cosas que antes practicabas ya no desearás practicar más. Una vez que renuncies a tu antigua identidad Dios te muestra un camino excelente, el del amor a Él y a los demás, el que puede transformar a cualquier persona por muy vil que sea, pues «… lo vil del mundo y lo menospreciado escogió Dios, y lo que no es, para deshacer lo que es» (1ª Corintios 1:28).

Dios se toma tiempo con nosotras, no te preocupes si demoran algunas áreas en sus cambios, pero en oración puedes vencerlas todas. Te aconsejo que aceptes tus errores y debilidades y en oración busques la ayuda de Dios para lograr cada día ser transformada y adquieras tu nueva identidad preciosa, valiosa, que agrada a Dios y sin dudas, te hace **mejor mujer.**

DOS

Soy bendita en Jehová.

«Bendito sea el Dios y Padre de nuestro Señor Jesucristo, que nos bendijo con toda bendición espiritual en los lugares celestiales en Cristo» (Efesios 1:3).

DOS

Soy bendita en Jehová.

❖ Introducción

¿Habías escuchado la palabra *bendecir* alguna vez? Pues te digo que solamente entre el pueblo de Dios esta palabra tiene significado y acción, es Dios el único que puede bendecir al hombre ya que la bendición viene de su mismo corazón y es derramada sobre sus hijos; somos las hijas de Dios las únicas que podemos bendecir a otros por cuanto Él nos manda y nos da las bendiciones con las que podemos hacerlo.

En esta lección aprenderás que además de ganar una nueva identidad también eres una bendita del Señor que gozas de su favor, es decir, de su bendición. A continuación estudiaremos este precioso tema a través de la palabra de Dios.

❖ Estudiando la palabra de Dios

a) Leamos Gálatas 3.6-14 ¿Cuál fue la promesa que Dios le hizo a Abraham?

b) ¿Qué relación existe entre Gálatas 3:10 y Deuteronomio 27:26?

c) Leamos Lucas 1:28-38 ¿Qué significan estas palabras del ángel dirigidas a María?

d) Lee Lucas 11:27-28 ¿Qué interpretas en las palabras de Jesús que te pueden servir para derribar todo argumento a la adoración a María?

- Leamos Juan 4:1-42

e) ¿Cuántas bendiciones puedes ver en esta historia que recibió esta mujer?

f) ¿Qué sucedió con la gente de Samaria?

❖ Profundizando en lo estudiado

2.1 Cristo nos redimió de la maldición

En este texto bíblico del libro de Gálatas somos enseñadas acerca de la **fe** como el único requisito para ser bendecidas. La Ley o Torá que Dios le dio a Moisés para que dirigiera a su pueblo y viviese en comunidad como pueblo de Dios que contiene códigos legales, morales, sociales y de culto trae maldición ya que no podían cumplirla. La ley era temporal y fue añadida después de la promesa dada a Abraham y continuó como sistema hasta que vino Cristo, el Mesías prometido. Pero había una promesa a Abraham: « En tu simiente serán benditas todas las naciones…» (Génesis 22:18). El pacto de Dios con Israel suponía bendiciones si el pueblo obedecía y maldiciones si no lo hacía. Algunas de ellas aparecen en Deuteronomio 27 y 28. Desde la desobediencia de Adán hay maldición sobre el hombre, se rompió la relación personal con Dios pero hay esperanza para convertir esa maldición en bendición y es a través de Cristo aceptando su sacrificio y recibiendo su perdón.

- Leamos:

«… y serán benditas en ti todas las familias de la tierra» (Génesis 12:3).
«… para que en Cristo la bendición de Abraham alcanzase a los gentiles, a fin de por la fe recibiésemos la promesa del espíritu» (Gálatas 3:14).

a) ¿Qué relación existe entre estos dos versículos?

El pacto que hizo Dios con Abraham incluía a todas las naciones, nosotras estamos incluidas también y por su fe en esta promesa Abraham fue justificado ante Dios. Los verdaderos hijos de Dios son los que tienen la misma fe de Abraham, son quienes se identifican con su fe y no por las obras de la ley, «… mas el justo por su fe vivirá» (Habacuc 2:4). La maldición es contra todos los pecadores, por lo tanto, contra todos los hombres porque todos pecaron y todos se hicieron culpables ante Dios (Romanos 3:23) y como transgresores de la ley todos estamos bajo maldición.

- Lee Santiago 2:10 y Romanos 3:10-12.

b) ¿Qué relación existe entre estos dos textos bíblicos?

Cristo nos redime de la maldición de la Ley, fue hecho pecado por nosotros, por amor a nosotros se ofreció como ofrenda y así fue hecho maldición por nosotras. Los intensos sufrimientos del Hijo de Dios advierten a los pecadores que escapen de la ira venidera más que de todas las maldiciones de la ley. Cristo desde la cruz invita a todos los pecadores que se refugien en Él.

- Leamos los siguientes textos bíblicos y veamos lo que podemos entender a través de ellos:

  - ✓ Gálatas 3:11-12 (la ley y la fe se contradicen).
  - ✓ Gálatas 3:13-14 (Cristo tomó la maldición sobre sí mismo).
  - ✓ Gálatas 3:11 (si tenemos la fe de Abraham seremos justificadas delante de Dios así como él lo fue por su fe).
  - ✓ Joel 2:28, Lucas 24:49, Hechos1:4 (la promesa del Espíritu Santo se recibe por la fe).
  - ✓ Efesios 1:3 (el Espíritu Santo en nuestra vida produce lo que Dios quiere para que gocemos de sus bendiciones).

La bendición de Dios que fue prometida a Abraham (véase Génesis 12:1-3) solamente puede recibirse por medio de la fe. La ley es incapaz de proporcionarla porque solo produce maldición. Cristo nos libró de la maldición de la ley y nos capacitó para recibir la bendición por la fe y la gracia. Vivamos por el espíritu y no por la carne, vivamos por fe y no por la ley. La fe en Cristo y en sus promesas nos da la seguridad de ser libres de toda maldición por el Espíritu de Dios que está en nosotras y hemos sido selladas con Él. Cristo rompió toda maldición en nuestras vidas con la cual estábamos condenadas a la muerte y a la separación de Dios por toda la eternidad. Por mucho que intentáramos agradar a Dios no podíamos unirnos a Él, necesitábamos recibir la fe en nuestros corazones creyendo que **Cristo murió y resucitó**. Ahora que ya lo conocemos a Él y le hemos recibido en nuestras vidas hemos recibido el regalo más hermoso y nos ha hecho herederas de bendición.

2.2 Herederas de la bendición de Dios

2.2.1 ¿Qué es recibir la bendición de Dios?

Espero que para este tiempo ya tú hayas experimentado las bendiciones de Dios en tu vida, y como estamos estudiando este tema tú puedas estar entendiendo todo lo que estamos hablando. La *bendición* es el «... otorgamiento de beneficios espirituales... » (A. Deiros, Pablo, 1997, p.60) y materiales de Dios. El término hebreo para esta palabra es *Barak*. En la mentalidad hebrea al hablar de bendición se pensaba en un acto mediante el cual la persona recibía poder para obtener éxito, prosperidad, longevidad, fecundidad, salud, etc. El pueblo que vive en la presencia de Dios amándole y sirviéndole recibe muchas bendiciones de Dios. Él se alegra bendiciendo a su pueblo y su único deseo es bendecirnos y cada día nos colma de bendiciones.

En las Escrituras vemos a Dios bendiciendo a su creación (Génesis 1:27), a Noé (Génesis 9:1), a Abraham (Génesis12:2), a Moisés (Éxodo 20:24), a Job (42:12), a la obediencia de su pueblo (Deuteronomio 7:14), al justo (Proverbios 10:6), a las naciones (Jeremías 4:2); y a Cristo bendiciendo a los niños (Marcos 10:16), los alimentos (Mateo 14:19), a los discípulos (Lucas 24:50).

Espiritualmente has recibido muchas bendiciones a partir de haber recibido una nueva identidad y haber recibido en tu corazón al Espíritu Santo que es las arras de nuestra herencia en los cielos. Por medio de Él aprendemos a conocer y amar a Dios, y experimentamos su manera de obrar en nuestros cambios. Su Espíritu nos capacita, nos consuela, nos guía y fortalece y por medio de Él recibimos el fruto y los dones para el servicio en la iglesia del Señor.

¿Crees esto? Eres una heredera de bendición por cuanto has creído en el Hijo de Dios y ahora tienes fe en sus promesas, ya no vives en la carne sino en el Espíritu[1] —vivimos según el Espíritu de Dios— y Él te ha redimido con su sangre para pertenecer al pueblo escogido de Dios; si es así di conmigo ¡amén!

En la Biblia encontramos muchos ejemplos de mujeres que fueron muy bendecidas por Dios, María la madre de Jesús fue una de ellas, escogida para traer a este mundo al Hijo de Dios, a Jesucristo, quien salva al mundo y redime al hombre del pecado y la maldición. Debido a la desobediencia de Adán que hizo que todos los seres humanos necesitaran de la misericordia y gracia de Dios, María, habiendo hallado esa gracia, pudo considerarse a sí misma muy favorecida y bienaventurada como el ángel la llamó. Después de escuchar la respuesta de María al ángel, sus palabras son dignas de imitar. María no titubeó, sino que sabiendo lo que iba a enfrentar no temió, sino que confió. Si Dios la escogió a ella para esta misión Él mismo la libraría de cualquier mal, y así lo hizo, pues María no sufrió daño de los hombres.

2.2.2 ¿Y cómo crees que Dios bendijo a María?

- María era una heredera de bendición. Dios la bendijo de muchas maneras:

[1] *Véase Romanos 8:9; Gálatas 5:16-17.*

- ✓ La escogió a ella entre muchas otras mujeres para traer al Salvador.
- ✓ La bendijo guardándola del mal con su favor y su gracia. A pesar de que María temió las críticas de esa sociedad y ver arruinada su felicidad con José, Dios le guardó y protegió por todo el tiempo que estuvo el niño en su vientre y la llevó al lugar predicho donde Jesús nacería, Belén de Judea.
- ✓ María amó a Jesús y Dios le concedió otros hijos (Mateo 13:55)
- ✓ Estuvo a los pies del Señor en la cruz y Jesús la amó.

Es muy necesario e importante aprovechar este momento para destacar que María no es alguien que nosotras debamos adorar ni que ella es alguien que nos lleve a Dios —tampoco son dioses lo apóstoles (véase Salmos 115) —. María solamente fue el instrumento que usó Dios el Padre para traernos al Salvador, su Hijo Unigénito, y aunque ella fue muy bendecida no es la que nos salva. María también adoró al Señor en su oración cuando visita a Elizabeth (véase Lucas 1:46-55).

- La palabra de Dios nos dice de Jesús lo siguiente:

- ✓ Jesús es el único camino, la verdad y la vida (Juan 14:6).
- ✓ Jesús es el único mediador entre Dios y los hombres (1Timoteo 2:5).
- ✓ Jesús es el único que nos hace salvos (Hechos 4:12).
- ✓ Por medio de creer en Jesús somos sellados con el Espíritu Santo (Efesios 1:13-14).
- ✓ Jesús nos redimió de la maldición de la ley (Gálatas 3:13-14).

2.3 Bendecidas para bendecir

Hasta aquí hemos estado estudiando este tema sobre la bendición de Dios que no solo la recibimos para disfrutarla, también es para compartirla con otros.

2.3.1 ¿Qué nos dice la Escritura?

Dios nos habla por medio de pedro en su palabra: «Finalmente, sed todos de un mismo sentir, compasivos, amándoos fraternalmente, misericordiosos, amigables; no devolviendo mal por mal, ni maldición por maldición, sino por el contrario, bendiciendo, sabiendo que fuisteis llamados para que heredaseis bendición» (1ª Pedro 3:8-9). *Bendecidas para bendecir* es lo que podemos resumir de este texto bíblico. Dios nuestro Padre está muy interesado en que nosotras hagamos siempre el bien a todos, ya sea a quienes nos aman o hacen bien o a aquellos que pueden estar en desacuerdo con nosotras o que existan diferencias y aun sean nuestros enemigos. Bendecir a otros es parte del plan de Dios para nuestras vidas y Él escoge la manera de hacerlo según su propósito.

En las Escrituras podemos ver muchos ejemplos de quienes fueron una gran bendición para Dios y para muchos otros haciendo uso de la bendición que recibieron. El ejemplo que estaremos citando es el de una mujer que tuvo un encuentro con Jesús, la mujer Samaritana, ella fue una mujer muy bendecida por Dios y fue muy bienaventurada ya que siendo samaritana no tenía ninguna oportunidad de este encuentro con Jesús por las rivalidades entre judíos y samaritanos, pero Cristo vino a romper todas las enemistades y pleitos, a enseñar del amor y mostrar un nuevo camino de salvación y perdón.

- Lee Juan 4:6-30

Ella no recibió una bendición sino muchas, Jesús le salió al encuentro con bendiciones de bien, le habló, le presentó el reino de Dios, le reveló quién era Él, le habló de la verdadera adoración, le bendijo mostrándole quién era ella y el camino del arrepentimiento. Dice la Escritura que después de esto ella dejó su cántaro y se fue a la ciudad para hablarle a los demás de este maravilloso encuentro con el dador de vida y salvación. Esto fue como dejarlo todo y seguir el camino del Señor; ella recibió el cambio y entendió que Jesús era el Mesías prometido. Jesús dirigió con certeza la convicción de pecado a la conciencia de ella. En cuanto a la verdadera adoración Jesús le enseñó y ella aprendió que adorar a Dios no es algo carnal sino espiritual y debía ser una verdadera adoración, el alma del hombre influido por el Espíritu Santo debe adorar a Dios y tener comunión con Él.

Fueron muchas las bendiciones que esta mujer recibió, ¿para qué? Bueno, Dios se complació en bendecirla, pero existía un propósito en esta bendición, no solo salvarla a ella sino que llevara esta verdad a su pueblo y que hasta ellos llegaría la bendición por el mensaje que ella daría a todos los que encontraría en el camino y en su casa. Ella fue portadora de una palabra de Jesús: Yo soy el Mesías prometido, el que te habla (v. 26) El mensaje que podemos recibir de parte de Dios es que no hay pecado pasado que puede impedir que seamos aceptados por Él, creyendo en Él como el Cristo, el Salvador del mundo. También Jesús mostró que no hay acepción de personas para Él, cualquiera puede ser salvo si acepta su sacrificio, no hay barreras para recibir su salvación. Esta mujer fue bendecida para bendecir a otros y así sucedió, su bendición se extendió hasta su ciudad donde muchos creyeron por el testimonio de ella.

❖ Aplicación práctica

a) ¿Cómo hemos sido redimidas de la maldición del pecado?

b) ¿Te consideras una mujer heredera de la bendición de Dios? Busca apoyo bíblico para tu respuesta.

c) Hemos sido bendecidas para bendecir. ¿Podrías mencionar algunas de las formas en que has tenido la oportunidad de bendecir a otros?

❖ Conclusiones

Después de todo este estudio mi esperanza es que hayas podido aprender de lo maravilloso que ha sido que Dios te haya librado de la maldición del pecado y que te haya bendecido, ser agradecida siempre a Él por todo lo recibido sin merecerlo. A la vez expresar ese agradecimiento bendiciendo a otros de la manera que Dios te diga en su propósito por el cual te ha bendecido. Recuerda que puede ser de múltiples formas y que siempre que estés en alguna lucha creas que es para provecho y ahí también hay bendición de Dios. Como María, puedas experimentar la bendición de Dios sintiéndote favorecida, y como ella, permanezcas firme en la voluntad de Dios, sabes que si has sido escogida para alguna misión siempre tendrás la protección del Señor y puedes estar confiada pues es una bendición que Él nos elija para cumplir propósitos suyos.

También como la samaritana digas a los demás todo lo que ha hecho contigo el Todopoderoso. ¡No dejes para mañana lo que ya Dios te dice hoy que hagas![2] Si el Señor te da la oportunidad hoy

[2] *Paráfrasis de Proverbios 3:28. Versión Biblia Dios habla Hoy*

para hacerlo no esperes, ¡hazlo ya! Recuerda siempre que eres una bendita de Jehová, que Él te dado de sus bendiciones y que en su propósito contigo está que bendigas a otros.

Eres una bienaventurada. Hubo muchas mujeres en la Biblia que fueron bienaventuradas y sus vidas sirvieron como instrumento de Dios para bendecir a otros ya sea supliendo para las necesidades de estos, para testificar de Cristo, para consolarles en aflicción, para ayudarles y discipulares en el camino, para animarles a servir, para hacer uso de los dones del Espíritu y así recibían sanidad, liberación y la palabra de Dios.

Como heredera de bendición sabes que nunca te faltará la bendición de Dios y el Espíritu Santo permanece en ti para que disfrutes de todas ellas. Asegúrate de estar bendiciendo a otros.

- Memoriza este versículo:

> «Finalmente, sed todos de un mismo sentir, compasivos, amándoos fraternalmente, misericordiosos, amigables, no devolviendo mal por mal, ni maldición por maldición, sino por el contrario, bendiciendo, sabiendo que fuisteis llamados para que heredaseis bendición» (1ª Pedro 3:8-9).

TRES

¿Religión o relación?

«El ladrón no viene sino para hurtar y matar y destruir; yo he venido para que tengan vida, y para que la tengan en abundancia» (Juan 10:10).

TRES
¿Religión o relación?

❖ Introducción

¿Te gusta hacer relaciones? Por supuesto que sí, a todas nos gusta ganar amistades y sobre todo buenas amigas. Cultivar una relación sincera es muy bueno y además una garantía por toda una vida. Esa persona es alguien confiable para nosotras y podemos contar con ella siempre, el amor es la base de esa relación; así es con Dios también. Cristo y nosotras no tenemos una relación fría o religiosa, el desea más que eso, su amor constante está deseando que nos aproximemos a su trono en oración todas las veces que queramos y lo ha hecho posible su sacrificio. Hoy queremos estudiar acerca de una verdadera relación con Jesús, la causa de nuestra nueva vida es cultivar con Él esta amistad.

Puedes estar viviendo una religión y no una relación con Jesús, pero debo decirte que debes escoger hoy qué relación vivir, te animo a que elijas la que es verdadera. La *religión* es un conjunto de normas, dogmas y prácticas[3] relativas a una divinidad, mientras que la *relación* es conexión, correspondencia de una cosa con otra, comunicación, trato entre ambas basadas en el amor y la sinceridad.

Después de saber esto, ¿qué eliges vivir? Yo te diré lo que trae vivir una religión y lo que trae vivir una relación con Cristo y entonces decide qué hacer. Dios te bendiga.

❖ Estudiando la palabra de Dios

- Lee Amós 5: 1-14

a) ¿Qué enseña Dios a este pueblo?

---

[3] *Paráfrasis, ver definición original* en *Real Academia Española.* (2001). Diccionario de la lengua española (22 ª. Ed.). Madrid, España.

- Lee Amos 5:4 y Romanos 8:6

b) ¿Qué ves de relación entre ellos?

- Lee Juan 10:10

c) ¿Qué dice Jesús de sí mismo?

- Ahora vuelve a leer Amós 5:4 y Juan 10:10

d) ¿Qué relación encuentras entre ambos?

- Lee Josué 24:14-15

e) ¿Cuál fue la determinación de Josué?

- Y según Levítico 7:12,16

f) ¿Cuáles eran las razones para ofrecer a Dios ofrendas de paz?

❖ **Profundizando en lo estudiado**

3.1 Una relación con Jesús trae vida

Dios es la fuente de vida, la plenitud de vida que poseemos depende de la actitud que asumimos hacia la obediencia o desobediencia a Dios. El profeta Amós exhorta al pueblo de Israel a buscar a Dios para que tengan vida. Una persona lejos de Dios experimenta muerte espiritual por causa del pecado, mas, si nos acercamos a Dios quien es vida (Juan 14:6) entonces experimentaremos la vida abundante que Jesús habla en su palabra (Véase Juan 10:10).

- Lee los siguientes textos bíblicos:

a) Deuteronomio 30:15-16
b) Romanos 6:23
c) Proverbios 3:1-2
d) Efesios 2:4-5

La palabra *vida* en el griego se usa en dos términos, uno es «bios» como existencial, terrenal y el otro «zoe» que significa el estado de vitalidad espiritual que se goza en compañerismo con Dios. Es una gracia que Él concede, es un don divino.

Cuando leemos Juan 10:10 el verbo *matar* significa *sacrificar*; esto resulta en pérdida total para las ovejas. En cambio, la misión de Jesús es la de proveer vida y ganancia para las ovejas. La expresión usada por Jesús *vida en abundancia* significa *lo que excede*, en grado extraordinario. Jesús no está hablando de la vida biológica sino de una vida que en su totalidad depende de la provisión y protección del pastor. Cristo es la vida y el dador de la vida. Vivir en comunión con Él nos transmite vida espiritual lo que da como resultado una vida de frutos, de vigor, de prosperidad, de fe y santidad.

3.1.1 Viendo al profeta Amós y a Jesús (Amós 5:4, Juan 10:10)

La petición del profeta Amós al pueblo de Israel era que buscaran acercarse a Dios en quien estaba la fuente de vida para ellos. Solo así tendrían «vida en sí mismos» y podrían salir del pecado y la maldad. Serían iluminados y abiertos sus ojos para ver y fuerza para determinar una cosa. El Señor es quien nos da vida, a Él adoraremos y seguiremos.

Jesús también enseña al pueblo de Israel que Él es la única puerta por la que se puede entrar y hallar vida y salir a bendición y vida eterna. Cuando Jesús habló dejó claro lo que deja el diablo en la vida de los hombres: muerte. Mas, hablando de sí mismo resaltó con énfasis que Él vino a traer vida y vida en abundancia, en toda su capacidad de brindarla con éxito al hombre que aceptara su sacrificio y viviera una vida de relación con El.

3.2 Una relación con Jesús trae convicción

La palabra *convicción* está en íntima relación con la fe, aunque sostener una relación con Dios nos ayuda mucho a mantener la convicción de nuestra fe en Jesús. «Es, pues, la fe la certeza de lo que se espera, la convicción de lo que no se ve» (Hebreos 11:1).

3.2.1 ¿Qué es *convicción*?

Es convencer o refutar a un oponente de algún asunto en cuestión ya sea que acepte o rechace la evidencia. Debemos tener convicción de nuestra fe en Jesucristo, *convicción* es *seguridad, firmeza*, resueltas a permanecer en nuestra fe cueste lo que cueste, permaneciendo firmes sin que demos lugar a dudas o cambios. Estamos decididas a confiar, sabemos y estamos conscientes que hemos hallado **LA VERDAD.**

Esto fue lo que hizo Josué con el pueblo, intentó convencerles del error que estaban cometiendo y de lo lejos que estaban de Dios por causa de sus pecados. El pueblo estaba en idolatría y Dios no admitía este pecado en medio de su pueblo escogido quienes conocían sus mandamientos y quienes habían visto su gran poder. Después de enumerar tantos motivos para que estuvieran agradecidos llamó a este pueblo a declarar de manera solemne y pública si sería fiel y obediente al Dios de Israel.

En el versículo 15 Josué hace su propia declaración e hizo voto a que esta sería su resolución inalterable, resolvió servir a Dios y le dio a ellos a elegir a quién servirían. Josué tiene una firme convicción de obedecer y temer a Dios y servirle con integridad. Le recuerda a este pueblo todo lo que Dios había hecho por ellos y todas las promesas dadas y cumplidas. Josué llama la atención a este pueblo de la necesidad de conversión (cambio de valores y prioridades) y la responsabilidad del pueblo en la renovación del pacto.

Existía un desafío: «solo Jehová», y Josué, celoso por la causa de Jehová, con gran convicción personal sacó a luz el pecado y solicitó al pueblo que decidieran a quién servirían dejando en claro que él y su casa servirían al Señor (Véase Josué 24:15).

Felizmente el pueblo fue receptivo al llamado de Dios y después de hablar Josué, ellos reconocieron todo lo que Dios había hecho con el pueblo y decidieron servirle porque Él era su Dios. Así estuvieron hasta que Josué murió (véase Josué 24:16-32), después comenzaron a hacer lo malo ante los ojos de Dios, dice la Escritura que el pueblo hacia lo que bien le parecía y le vino un tiempo muy difícil pero Dios levantó jueces que los libraba de sus enemigos.

Josué no se dejó arrastrar por ninguna influencia que quizá este pueblo le transmitía. Tampoco Jesús en su humanidad perdió el control por el temor sino que con valor eligió hacer la voluntad del Padre. Pablo, apóstol del Señor estaba convencido para quién vivía y cuál era la garantía de morir en Cristo. Asegúrate de tener una profunda e íntima relación con Cristo, esto te dará vida pero también convicción de saber en quién has creído. Nada te alejará del Señor, nada te robará lo más precioso que has alcanzado en la vida, la esperanza de vida eterna. No existe alguien o algo que pueda igualarse a Él y estar convencida de lo que has recibido solo por gracia tiene un precio incalculable. Te aconsejo que «no perdáis, pues, vuestra confianza, que tiene grande galardón...» (Hebreos 10:35).

3.3 Una relación con Jesús trae paz

La palabra *paz* del hebreo שָׁלוֹם (*Shalom*) significa *armonía, salud, paz con Dios*.

Mantener una relación íntima con Dios trae paz, y desde el Antiguo Testamento vemos que el pueblo fue enseñado e instruido por Él mismo a que se le ofreciera ofrendas de paz. Existían tres razones para elevar a Dios estas ofrendas de acción de gracias, votos y voluntarias. El adorador experimentaba compañerismo con Dios, con el sacerdote y con los miembros de la familia. Debía ofrecerse un animal sin defecto y el pueblo tenía el mandamiento de no comer la grasa ni la sangre. El sacrificio de paz era seguido de una fiesta de armonía y compañerismo la cual demostraba el gozo y la felicidad que proporcionaba la comunión con Dios y la acción de gracias por la prosperidad.

3.3.1 ¿Qué nos dice la Escritura acerca de Cristo?

- Lea Romanos 5:1, Efesios 2:17, Colosenses 1:20

Cristo hizo la paz mediante su propio sacrificio, su sangre derramada nos limpia de todo pecado y obra para nuestra paz con Dios el Padre. Jesús vino y anunció las buenas nuevas de paz e hizo este sacrificio una sola vez y para siempre. Cristo nos dio paz con el Padre, por medio de Él hemos recibido perdón, gracia, vida eterna y al Espíritu Santo; estamos convencidas que su misericordia nos alcanzó y nos dio paz hasta la eternidad. Es muy importante vivir esa relación íntima con Jesús buscando continuamente esa paz que ya gozamos para vivir en ella, Cristo hizo posible nuestra reconciliación con Dios.

- **Aplicación práctica**

a) ¿Cómo ves la vida de Jesús manifestada en ti tomando en cuenta lo que Él dijo en Juan 10:10?

b) Las palabras de Josué al pueblo: «… yo y mi casa serviremos al Señor» (Josué 24:15) muestran convicción genuina de alguien que ama a Dios. ¿Estarías dispuesta a decir las mismas palabras que Josué en circunstancias parecidas? Testifica si has tenida esta experiencia.

c) ¿Dónde podemos encontrar la verdadera paz y por qué?

❖ Conclusiones

Como vimos anteriormente (p.29), la religión es un conjunto de normas, dogmas y prácticas relativas a una divinidad; mientras que, la relación es conexión, correspondencia de una cosa con otra, comunicación, trato entre ambas basadas en el amor y la sinceridad. Cuidémonos de no estar viviendo una religión con Jesús, sino una verdadera relación; cuando vivimos una relación con Jesús esta nos trae **vida**. Cristo es la vida, nos trae **convicción**, hemos de ser mujeres con una gran convicción de lo que estamos creyendo y al Dios que estamos adorando y sirviendo. También vivir una relación con Jesús nos trae **paz** con Dios y con los demás. Cree que Cristo está cercano y no lejos de ti, puedes ir a Él continuamente y no a un lugar específico como los religiosos.

Vendrán tiempos difíciles y pruebas también llegarán; pero si tenemos una genuina convicción entonces nos aseguraremos de estar caminando con Él y no soltarle de la mano jamás. Si quieres tener una fuerte convicción de cuan cierto es nuestro Dios debes vivir muy cerca de Él; tu relación con Él debes estrecharla y no dejar que la duda, la vida de religión o el desánimo te apaguen esa certeza que tienes de su existencia y poder. Debes vivir por fe, caminar en sus promesas y asegurarte de darle siempre la gloria y honra al único Dios, aquel que tiene una misericordia nueva cada mañana. Debes aprender a esperar en Dios y no dejar de orar por aquello que deseas, y creer siempre que está en control y nada escapa de su voluntad. Aunque a tu alrededor solo veas personas que se burlan de ti, que te quieren desanimar para que abandones el camino y que te tientan para tu ceder a la religión de ellos o al mundo, no cedas; tu firme convicción en lo que has creído te ayudará a permanecer.

La **paz** es otra de las tantas bendiciones que trae Dios cuando vivimos una relación con Él. Nuestro Señor es paz y si no la tienes puedes hallarla en Él. Cristo nos ofrece una paz diferente de la que este mundo ofrece, por eso, cuando estás necesitando tener paz no puedes buscarla como los demás la buscan —en el mundo—, debes buscarla en Jesús.

La paz es algo que siempre estamos deseando encontrar y por muy bien que nos vaya en esta vida nunca estamos exentas de dificultades y hasta tragedias en este mundo. Al venir a los pies de Cristo, así como has llegado, con todas tus aflicciones, y quizás sin esperanza alguna, Él te recibe y te dice: «Yo soy la paz que necesitas». Esa paz que has estado buscando está en Jesús y haber restaurado tu relación con Él es lo único que te ha hecho estar primeramente en paz con Dios; «...porque si siendo enemigos, fuimos reconciliados con Dios por la muerte de su Hijo, mucho más, estando reconciliados, seremos salvos, por su vida. Y no solo esto, sino que también nos gloriamos en Dios por el Señor nuestro Jesucristo, por quien hemos recibido ahora la reconciliación» (Romanos 5:10-11).

Esta paz que hemos recibido nos ayuda a sentirnos felices y agradecidas; pero también deseamos estar en paz con nuestros semejantes y es necesario pedir a Dios que nos la conceda y en muchas ocasiones buscarla. En la palabra de Dios somos animadas a hacerlo y somos instruidas por Dios a orar, perdonar, pedir perdón y procurar esa paz con los demás.

- Lee los siguientes textos bíblicos y anímate a querer vivirlos:

a) Romanos 8:6, 12:18
b) 1ª Corintios 7:15
c) 2ª Corintios 13:11
d) Gálatas 5:22
e) Colosenses 3:15
f) 1ª Tesalonicenses 5:13
g) Hebreo 12:14
h) 1ª Pedro 3:11

Si lo que estás buscando es paz, solo la encontrarás en Jesús. La verdadera paz no está en medio de un problema resuelto ni en logros obtenidos, ni en méritos recibidos, sino en Jesús; que a pesar de que las cosas no van bien y las luchas continúan Él nos da la que necesitamos para que podamos estar tranquilas y confiadas. Cristo dijo: « La paz os dejo, mi paz os doy, yo no os la doy como el mundo la da. No se turbe vuestro corazón ni tenga miedo» (Juan 14:27).

CUATRO

Aprendiendo de las parábolas de Jesús.

«A vosotros os es dado saber el misterio del reino de Dios; mas a los que están fuera, por parábolas todas las cosas; para que viendo, vean y no perciban; y oyendo, oigan y no entiendan; para que no se conviertan, y les sean perdonados los pecados» (Marcos 4:11–12).

CUATRO
Aprendiendo de las parábolas de Jesús.

❖ Introducción

- Jesús acostumbraba hablar por parábolas.

Parábola es traducida de la palabra hebrea מָשָׁל *(mashal)*; en griego, *παραβολή (parabolé)* que significa *comparación, refrán, proverbio o alegoría.* Esto es un estilo muy diferente de dar mensajes a los oyentes y cada vez que Jesús le hablaba a los discípulos y a los demás lo hacía de esta manera. Era un estilo conocido y aceptado en los tiempos en que el Señor Jesús lo practicó. Su propósito particular, sin embargo, era doble: por un lado, iluminar; por otro, oscurecer —así como la columna de nube alumbraba a los israelitas y confundía a los egipcios en el desierto—. «Y sin parábola no les hablaba » (Mateo 13:34b), y esto para declarar «...cosas escondidas desde la fundación del mundo» (Mateo 13:35), pero también aclaraba a sus discípulos: «A vosotros os es dado saber el misterio del reino de Dios; más a los que están fuera, por parábola todas las cosas; para que viendo, vean y no perciban; y oyendo, oigan y no entiendan» (Marcos 4:11–12). A continuación estaremos viendo algunas de las parábolas de Jesús y sus enseñanzas.

❖ Estudiando la palabra de Dios

- Lee Mateo 25:1-13

a) ¿Qué cristianos se asemejan a las vírgenes prudentes y quiénes a las insensatas?

b) ¿Qué relación existe entre el Mateo 25:5 y Mateo 24:42?

- Lee Mateo 13:3-23.

c) ¿Quién es el sembrador y qué es la semilla?

d) Enlaza ambas columnas teniendo en cuenta lo que Jesús dice en este pasaje de la Biblia.

A	B
La semilla cayó junto al camino…	y los espinos ahogaron la semilla.
La semilla cayó en pedregales…	y dio fruto a ciento, a sesenta y a ciento por uno.
La semilla cayó entre espinos…	y vinieron las aves y la comieron.
La semilla cayó en buena tierra…	y salido el sol se quemó y se secó.

- Lee Mateo 7:24-29

e) ¿Cuál es la enseñanza principal que Jesús quiere darnos en esta parábola?

❖ Profundizando lo estudiado

4.1 Parábola de las diez vírgenes (Mateo 25:1- 13)

La *Parábola de las diez vírgenes* se desarrolla bajo circunstancias tomadas de las costumbres nupciales de los judíos y explica el gran día de la venida de Cristo. El objetivo principal de esta parábola es ilustrar la actitud vigilante y expectante de la fe, la necesidad de estar siempre preparados.

El novio representa a Jesús, las diez vírgenes representan a aquellos que esperan la venida del Señor. Las cinco vírgenes prudentes son aquellos que están preparados esperando la salvación y las cinco insensatas representan a las que en su actitud recibirán juicio y rechazo por no estar preparadas. Jesús usó el contraste entre prudentes e insensatas para darnos a entender que Dios concede un tiempo para prepararse para la venida del Señor. La salvación es una experiencia personal e intransferible, no se puede culpar a las prudentes por no compartir su aceite con las insensatas.

Cada mujer creyente portará una lámpara que debe contener el aceite necesario para estar preparada para la venida del Señor. Este aceite simboliza al Espíritu Santo, es la realidad interior de la gracia que será lo único que permanecerá cuando vuelva Cristo. El espíritu de gracia simbolizado por el aceite no es otra cosa que la unción misma con la cual:

- ✓ Aarón y sus hijos fueron consagrados para el sacerdocio (Éxodo 30:23-25).
- ✓ Óleo de gozo con el cual el Mesías sería ungido (Salmos 45:7, Hebreo 1:9).
- ✓ Vaso lleno de aceite para mantenerlo siempre ardiendo (Zacarías 4).

Jesús termina su mensaje diciendo: «Velad, pues, porque no sabéis el día ni la hora en que el Hijo del hombre ha de venir» (v.13). Siendo esta la moraleja o lección práctica de toda la parábola, no necesita comentario.

4.1.1 Veamos algunos elementos importantes que nos enseña esta parábola:

- ✓ La demora de la segunda venida es prominente en este discurso de Jesús a medianoche (24:6, 8, 14, 23–28, 36, 42–51).
- ✓ La llegada nocturna del novio alude a que se desconoce cuándo será la segunda venida de Cristo (24:42–51).
- ✓ La negación de ayudar a las vírgenes insensatas da énfasis a la responsabilidad personal de cada uno delante de Dios.
- ✓ El banquete de bodas. La fiesta simboliza el reino milenario después del retorno de Cristo a la tierra (Apocalipsis 19:9). Se cerró la puerta; las vírgenes que entran representan a los creyentes en Cristo, las que no entran no son reconocidas por el novio porque no tienen fe en Él.

Estamos siendo llamadas por Cristo a prestar atención, a velar, a que mantengamos nuestras lámparas siempre encendidas con el aceite del Espíritu Santo para que cuando Él aparezca podamos ir con Él. Nosotras que conocemos al Señor y sabemos que un día volverá por su Iglesia tenemos que estar siempre velando por nuestras vidas espirituales. Ya Dios nos dio una nueva identidad y ahora vivimos una nueva vida en Cristo. Cuando Él regrese quiere hallarnos con nuestras lámparas encendidas, es decir, ocupadas en nuestra salvación, buscando cada día de su presencia y llenándonos de Él.

4.2 Parábola del sembrador (Mateo 13:3-23)

Esta parábola indica una gran siembra de la palabra de Dios. Esa siembra encuentra respuestas distintas. Se puede observar que tanto el que siembra como la semilla que se siembra son los mismos en todos los casos. El sembrador es fiel y la semilla es la palabra de Dios. La diferencia entre los casos se basa en la condición del corazón del que escucha. Algunos producirán fruto en diferentes cantidades, otros serán infructuosos y morirán. La productividad de la semilla depende de la condición del terreno en el cual esa semilla ha caído.

La semilla que cayó junto al camino, como el hombre natural en general, representa a quien no entiende lo que ha oído; no lo recibe; y al fin, Satanás entra para quitar de su mente lo que se ha oído. No produce ninguna respuesta positiva al mensaje.

La semilla que cayó entre pedregales representa a quien oye el mensaje y le gusta, pero al venir los momentos difíciles revelará la condición verdadera y se secará —tal caso no representa a un individuo regenerado que se aparta de Dios—; el corazón estaba malo desde el principio, solo la apariencia ha cambiado, en el fondo la persona sigue igual.

El tercer caso representa una situación distinta a los primeros dos. En el caso de la semilla que cayó entre espinos, la planta parece ser viva (13:7, 22). El problema es que está ahogada de tal manera que no produce fruto. Jesús dice que esta persona se hace infructuosa.

¿Qué le hace infructuoso al que ha recibido la palabra de Dios? Son las preocupaciones con los problemas de esta vida y el deseo de conseguir más riquezas. La preocupación y el materialismo pueden ser tan importantes en la vida del creyente que no produzca el fruto que Dios quiere producir en él. Esta condición es un peligro para nosotros hoy también.

El último caso representa el deseo del sembrador al sembrar la semilla. La parte de la semilla que cayó en buena tierra produce fruto (13:8, 23). No todos son iguales, pero quienes tienen el corazón dispuesto a recibir la palabra de Dios de verdad producirán fruto. Cristo quiere dedicarse a esta clase de semilla para producir una buena cosecha en la época siguiente.

Si somos buena tierra entonces el sembrador ha sembrado su semilla en nosotras y seremos fructíferas produciendo fruto para Dios. El Sembrador (Jesús) dejará caer su semilla (la Palabra) en corazones que pueden ser infructíferos pero otros corazones con sinceridad desearán conocer y vivir la verdad.

Esta parábola se puede comparar con lo dicho por el Señor: «Por sus frutos los conoceréis» (Mateo 7:16). En verdad, los frutos visibles revelan la condición del corazón en la misma manera que la cantidad y calidad de cosecha revela la condición del terreno. Jesús subraya la necesidad de oír y entender la Palabra en contraste con los líderes religiosos que oyeron, pero no entendieron.

Como bien dice esta parábola somos bienaventuradas porque nuestros ojos ahora ven, y nuestros oídos ahora oyen (v.16). Esto no es otra cosa que por haber oído y entendido la palabra del reino, hemos recibido la verdad del evangelio, la salvación que ofrece Cristo. Esta verdad recibida hace posible que seamos fructíferas y nada en este mundo nos separa de esa verdad ni de Dios. Cuando alguien ha recibido esta semilla en su corazón es porque cayó en buena tierra y si cayó en buena tierra entonces da fruto.

Cuando hay una semilla plantada en buena tierra los frutos serán visibles. El fruto del Espíritu Santo —amor, gozo, paz, paciencia, benignidad, bondad, fe, mansedumbre, templanza— se hace manifiesto en esa vida. La palabra de Dios comienza a cobrar vida en la persona y los cambios son evidentes, hay una transformación real.

Los de buena tierra oyen y entienden la Palabra, los misterios del reino le son revelados. Por eso ni los afanes, las preocupaciones, la aflicción, los engaños de las riquezas, ni la persecución los puede apartar del camino. Este siempre va a producir fruto ya sea a ciento, a sesenta o a treinta por uno (v.23); (no todos dan el mismo porciento de fruto espiritual, pero dan).

4.3 Los dos cimientos (Mateo 7:24-29)

Existen semejanzas entre los dos constructores, ambos oyen, ambos enfrentan las mismas pruebas, ambos tienen las mismas oportunidades y aparentemente ambos construyeron casas parecidas; pero hubo contrastes fundamentales, tenían naturalezas distintas, pues uno era prudente, previsor, considerado, cuidadoso, se fijaba en lo que hacía; en cambio el otro era insensato, imprevisor, necio, tonto, descuidado, no se fijaba bien en lo que hacía. Nótese que Jesús no indica que el hombre insensato era inmoral o dedicado a vicios escandalosos. Uno obedecía las palabras de Jesús; el otro no. Uno edifica sobre la peña, un cimiento sólido (véase 1ª Corintios 3:11); el otro sobre la arena, un cimiento inseguro. Los cimientos no son visibles al ojo humano, pero las pruebas revelan la clase de cimientos. Hay un contraste radical en la manera que ambos soportaron las pruebas. La casa construida por el prudente soportó todas las pruebas, mientras que la casa del otro se desmoronó.

Esta parábola nos enseña a oír y hacer los dichos del Señor Jesús, algunos pueden parecer duros pero deben hacerse. Cristo está puesto como cimiento y toda otra cosa fuera de Cristo es arena. Algunos construyen sus esperanzas en la prosperidad mundanal; otros, en una profesión externa de religión. Sobre estas se aventuran, pero esas son toda arena, demasiado débiles para soportar una trama como nuestras esperanzas del cielo. Hay una tormenta que viene y probará la obra de todo hombre. Cuando Dios quita el alma, ¿dónde está la esperanza del hipócrita? La casa se derrumbó en la tormenta cuando más la necesitaba el constructor esperando que le fuera un refugio; se cayó cuando era demasiado tarde para edificar otra.

El Señor nos haga constructores sabios para la eternidad. Entonces, nada nos separará del amor de Cristo Jesús. Las multitudes se quedaban atónitas ante la sabiduría y el poder de la doctrina de Cristo. Este sermón tan a menudo leído siempre es nuevo, cada palabra prueba que su autor es divino. Seamos cada vez más decididas y fervientes, hagamos de estas bienaventuranzas el tema principal de nuestros pensamientos por semanas seguidas.

4.3.1 ¿Por qué Jesús les habla por parábolas?

- Leamos Isaías 6:9-10 y Mateo 13:13-15

Estos textos explican por qué Jesús les habló por parábolas. El pueblo que no quiere saber la verdad no entenderá, mas, los que quieren saberla seguirán investigando hasta averiguar el significado. Para la gente que no busca esa verdad las parábolas se quedan como un misterio que no comprenderán así que el mismo instrumento que ayuda al que busca sirve para esconderla del que no quiere saber. Jesús subraya la responsabilidad de los que deliberadamente rechazan la verdad del reino de Dios. La predisposición del corazón determina la admisión o no de la verdad.

❖ **Aplicación práctica**

a) ¿Cuál es la conclusión lógica que hace Jesús en la parábola de las diez vírgenes con la palabra *velad*? ¿Cómo aplicas esto a tu vida?

b) En la *Parábola del sembrador*, cuando dice «Mas el que fue sembrado en buena tierra, este es el que oye y entiende la palabra, y da fruto » (v. 23); ¿cómo explicas esta forma de producir que dice Jesús en él?

c) Basadas en la *Parábola de los dos cimientos*, ¿sobre qué cimiento estás edificando tu vida?, ¿arena o roca? ¿Qué te hace pensar eso?

❖ Conclusiones

En estas tres parábolas hemos estado aprendiendo grandísimas verdades que Cristo nos transmite haciendo uso de su excelente y perfecto estilo de enseñanza. Estas facilitan la comprensión de la verdad para quienes la buscan, y la esconden de quienes no quieren comprenderla y obedecerla. Las parábolas que Cristo presenta aquí revelan el programa de Dios para la época siguiente, a la luz del rechazo judío de su Mesías, Jesucristo.

La *Parábola de las diez vírgenes* nos enseña que la salvación es una experiencia personal y cada creyente debe velar por ella. Cada una de nosotras debe mantener su aceite para que la lámpara no se apague y ninguna de nosotras puede creer que el aceite de otra ayudará, esto es intransferible. Solamente Cristo puede conceder el Espíritu Santo quien en nosotras produce el fruto y el fuego para permanecer encendidas. Cristo nos llama a ser prudentes en esto, es decir, ocuparnos de velar y perseverar hasta el final, «... ocupaos de vuestra salvación con temor y temblor» (Filipenses 2:12).

La *Parábola del sembrador* nos enseña quién es el sembrador (Cristo) y quién la semilla (la Palabra) y que nosotras somos la tierra donde Cristo siembra esa semilla la cual producirá fruto o no. Podemos ser una tierra estéril o fructífera, depende de lo que hacemos con la semilla. Cristo lo enseña a través de cuatro tipos diferentes de oyentes y son bienaventuradas las que oyen y entienden la palabra de Dios. Estos son los que la semilla fue plantada en buena tierra, los que dan fruto y producen a ciento, a sesenta y a treinta por uno, «... mi madre y mis hermanos son los que oyen la palabra de Dios, y la hacen» (Lucas 8:21).

La *Parábola de los dos cimientos* nos enseña que el oír y hacer la palabra de Dios es muy importante para edificar sobre cimiento firme y verdadero. Este cimiento Cristo lo llama «roca» sin embargo existe otro cimiento el que llama «arena» sobre el cual edifica el que oye pero no hace lo que Cristo dice. Las que edificamos sobre la roca aunque vengan pruebas, tribulaciones, necesidades, u otras dificultades no caemos y Cristo nos compara con alguien prudente. Estos son las que construyen su esperanza en Cristo y no en las cosas de este mundo. Podemos entender que cuando se habla de «edificar sobre la roca» es igual a decir «sobre Cristo», por eso no caerá jamás aquel que su vida está edificada sobre Él.

1ª Pedro 2:6-8

> Por lo cual también contiene la Escritura: He aquí, pongo en Sion la principal piedra del ángulo (Isaías 28:16), escogida, preciosa; y el que creyere en él, no será avergonzado. Para vosotros, pues, los que creéis, él es precioso; pero para los que no creen, «La piedra que los edificadores desecharon, ha venido a ser la cabeza del ángulo» (Salmos 118:22); y: piedra de tropiezo, y roca que hace caer, porque tropiezan en la palabra, siendo desobedientes; a lo cual fueron también destinados.[4]

---

[4] *Véase también Mateo 21:42, Marcos 12:10, Lucas 20:17, Hechos 4:11, Romanos 9:33, Efesios 2:20.*

CINCO

Cuando cristo está en mi barca.

«Yo soy el pan vivo que descendió del cielo; si alguno comiere de este pan, vivirá para siempre; y el pan que yo daré es mi carne, la cual yo daré por la vida del mundo» (Juan 6:51).

CINCO

Cuando cristo está en mi barca.

❖ Introducción

¿Qué importancia tiene una barca para el pueblo de Israel?

La *barca* es un tipo de nave muy común en el pueblo judío. Eran usadas como medio de transporte y como medio de trabajo. En muchas ocasiones Jesús viajó en las barcas de un lugar a otro y también habló al pueblo estando en ellas. Estando con sus discípulos utilizó las barcas para darles algunas enseñanzas espirituales.

A continuación veamos algunas enseñanzas que Jesús transmitió estando en las barcas cuando con sus discípulos se transportaba de un lugar a otro.

❖ Estudiando la palabra de Dios

- Leamos Juan 6:22-35

a) ¿Qué significan las palabras de Jesús dichas en el versículo 27?

b) Ellos aprendieron algo espiritual de la persona de Jesús, ¿cuál fue esta enseñanza?

c) ¿Qué relación tienen las palabras de Jesús con las del profeta Isaías 55:1-3?

- Lee Lucas 5:1-11

d) ¿Qué percibes en las palabras de Pedro: «… mas en tu palabra echaré la red »?

e) ¿Cuál fue el **gran acontecimiento** después de esas palabras?

❖ Profundizando en lo estudiado

5.1 La gente busca a Jesús (Juan 6:22-35)

La barca que ellos tomaron les llevó al encuentro con Jesús y aunque ellos lo buscaban no por las señales sino por el pan, aprendieron lección espiritual de parte de Él. Cristo les dio la lección importante de «trabajar», pero por lo que verdaderamente sacia y calma la sed y el hambre; no es más que lo que espiritualmente el hombre necesita para su paz y seguridad. Debían aceptar a Jesús como el Mesías, el Salvador, el Señor y aceptar su sacrificio por la vida del mundo. Debían trabajar por lo eterno, lo permanente, lo que da vida y lo que debe ocupar toda la vida del hombre.

Estas personas estaban buscando subir a una barca para encontrarse con Jesús. Ellos habían sido algunos de los cinco mil que fueron alimentados por Jesús y ahora le buscaban para recibir más alimento. Entonces Jesús no perdió ocasión para dejarles en claro su misión espiritual, «Yo soy el pan de vida» (Juan 6:48).

Los sedientos y hambrientos buscan en Jesús su completa satisfacción. Buscan su fuerza y vida en Dios y solo en Él pueden calmar la sed que produce la gracia. Lo más importante no es satisfacer la necesidad material sino la espiritual que solo Jesús el Mesías de Dios tiene toda la capacidad de cubrir. Él fue el enviado de Dios, aceptar su sacrificio y comer y beber su sangre, es decir, aceptar el poder de la cruz, es lo único que trae vida y vida eterna.

5.1.1 Relacionando las palabras de Isaías con las de Jesús (Isaías 55, Juan 6:51)

Isaías 55:1-3 dice:

> A todos los sedientos: Venid a las aguas, y los que no tienen dinero, venid, comprad y comed. Venid, comprad sin dinero y sin precio vino y leche. ¿Por qué gastáis el dinero en lo que no es pan, y vuestro trabajo en lo que no sacia? Oídme atentamente y comed del bien, y se deleitará vuestra alma con grosura.

Jesús en Juan 6:51 dice:

> Yo soy el pan vivo que descendió del cielo, si alguno comiere de este pan, vivirá para siempre, y el pan que yo daré es mi carne, la cual yo daré por la vida del mundo.

Cuando comparamos las palabras de Jesús con las de Isaías encontramos lo siguiente: que el vino y la leche (Isaías 55:1-3) son necesarios para mantener, fortalecer el espíritu, alegrar y nutrir la vida; esto solo lo puede dar una relación con Jesús, el dador de la vida. Cristo es el verdadero alimento, es el pan que comemos y satisface cada necesidad espiritual que ninguna otra comida puede saciar. Podemos gozar de Él mientras nos alimenta de fe y esperanza. Cuando vamos a la fuente —que es Cristo— adquirimos vida; esta fuente salta para vida eterna (véase Juan 4:10-15). Él nos confirma su presencia en nosotras y esa presencia nos sostiene en vida y paz. Dios hace pacto con los sedientos y hambrientos por Él, nos da la promesa de estar identificado con nosotras y le veremos en Sion, la Nueva Jerusalén Celestial.

a) Escribe los siguientes versículos donde podrás encontrar otras referencias a las palabras de Jesús

Jeremías 2:13

Isaías 55:1

Juan 7:37-38

Apocalipsis 7:17

5.2 La pesca milagrosa (Lucas 5: 1-11)

Nuevamente vemos a Jesús enseñando en una barca y es aquí donde Pedro tiene una gran experiencia con Él. Para Pedro ya no había ninguna oportunidad de pescar ese día, lo había estado haciendo durante toda la noche y no lo había logrado. Cansado y desanimado, me imagino que ya bien abrumado, había desistido; pero Jesús, montado en su barca, le fortaleció y le animó nuevamente.

Este encuentro no fue casual, fue un encuentro de milagro y de llevar a sus discípulos a otro nivel de fe, confianza y descubrimiento del propósito personal que Dios había estado tejiendo en su vida —que vendría a través del poder de Jesús—. Esa noche Pedro y los demás discípulos quedaron convencidos de lo importante que era que Jesús estuviera con ellos en sus barcas. Lo que presenciaron fue tan poderoso que les dio temor, pero Jesús conociendo todo les dijo que no temieran, algo grande vivirían ellos a partir de ese día. Estaban con el Dios de milagros, estaban creyendo al Dios de todo lo creado.

5.2.1 Repasando el pasaje de *La pesca milagrosa*

- Lee y responda

a) ¿Quién dijo: «…mas es tu palabra echaré la red»?

b) ¿Qué ves detrás de esta frase en la fe de Pedro: «.... desde ahora serás pescador de hombres»?

c) ¿Quién dijo estas palabras a Simón Pedro?

d) ¿Cómo ves estas palabras en la vida de Pedro después de este encuentro y hasta su muerte?

Las enseñanzas de Jesús en este encuentro son muy poderosas, nuevamente estamos en una barca y Jesús le hace el llamado a Pedro por medio de un gran milagro de pesca el cual era su oficio. La barca en la que estaban ahora estaba siendo timoneada por Jesús, ya no eran ellos por lo que podían esperar mejores cosas, podían confiar, podían ser libres del temor, la duda, la escasez y el fracaso. La experiencia de Pedro fue para su propia conversión, Cristo le mostró lo que era creer en su palabra. A pesar de todo su desánimo sus propias palabras «en tu nombre echaré la red» muestra su confianza en la palabra dicha por Jesús; hay una combinación de **fe** y **obediencia** en Pedro y para los discípulos fue entrar en un gran temor ante lo que estaban viendo.

- Lee Juan 21:3

e) ¿Qué experiencia vivieron los discípulos, en especial Pedro?

Pedro vive nuevamente la experiencia del milagro de Jesús pero en otro momento de su vida. Ahora Jesús había muerto y resucitado y Pedro pudo experimentar el cuidado que Jesús tiene para con sus discípulos teniendo provisión lista para ellos. Jesús se manifestó a ellos haciendo lo que ningún otro puede hacer y lo que ellos no esperaban.

Cristo es el Dios de los milagros y de la provisión para su pueblo, y Pedro experimentó esto viendo a Jesús suplir para sus necesidades; pero algo mucho más profundo en la enseñanza de Jesús es el hecho de mostrar la pesca. En ambos relatos vemos a Jesús enseñando a Pedro lo que habría de ser su ministerio futuro. Con la expresión: «No temas; desde ahora serás pescador de hombres» (Lucas 5:10b) Jesús estaba anticipando en lo que iba a convertir la vida de Pedro: un predicador del evangelio de Jesucristo. Pedro descubre por primera vez su propósito en su vida. Jesús le dice ahora lo que sería verdaderamente.

A través de toda la Biblia vemos a un Pedro transformado por el poder milagroso de Jesús, cambió su nombre de Cefas a Pedro y además cambió el rumbo de su vida, ya no fue más un simple pescador como profesión sino que se convirtió en un mensajero de la palabra de Dios, en un pescador de almas perdidas trayéndolas a los pies de Cristo. Hasta su último día Pedro vivió para glorificar a Cristo predicando su palabra, extendiendo el reino de Dios por el mundo habiendo experimentado el Cristo resucitado y de milagros que es **Jesús.**

❖ Aplicación práctica

- Lee Juan 4:14 y 6:35.

a) ¿Qué relación existe entre ellos?

b) ¿Cómo puedes demostrar con tu vida que comes y bebes de Cristo?

c) El Señor cambio la vida de Pedro. Testifica como Cristo ha cambiado la tuya desde que lo conociste.

❖ Conclusiones

Tan solo con estos dos relatos podemos aprender que es muy bueno que Jesús no solo esté presente sino también que sea quien dirija nuestra barca, solo Él nos puede llevar a puerto seguro.

En la primera narración *La gente busca a Jesús* aprendemos que solamente Jesús satisface nuestras necesidades espirituales más profundas, Él es el pan y el agua que hemos de comer y beber. Nunca antes experimentamos tanta saciedad frente a las dificultades de esta vida cuando precisábamos urgentemente una ayuda, nada ni nadie cubrirá esas demandas que nuestra alma reclama en medio de la desesperación, la angustia, las desilusiones, los temores, los engaños de los que amas, las dudas, la infelicidad, nuestras debilidades, enfermedades, opresiones espirituales y muchas otras adversidades que enfrentamos en este mundo. Jesús nos deja ver claramente que Él es el único camino (Juan 14:6) a la liberación, la salvación, las transformaciones, la paz y la vida.

- Veamos en algunos versículos de Juan, capítulo seis, a Jesús diciendo a esta gente que le buscaban por comida y bebida:

    - ✓ «Yo soy el pan de vida, el que a mi viene, nunca tendrá hambre, y el que en mí cree, no tendrá sed jamás» (v.35).
    - ✓ «Yo soy el pan vivo que descendió del cielo, si alguno comiere de este pan, vivirá para siempre, y el pan que yo daré es mi carne, la cual yo daré por la vida del mundo» (v.51).
    - ✓ «Porque mi carne es verdadera comida, y mi sangre es verdadera bebida. El que come mi carne y bebe mi sangre, en mi permanece, y yo en él» (vv. 55,56).

Cristo es verdadera comida y verdadera bebida, solo Él promete saciar el deseo espiritual del hombre; la sed espiritual es calmada, satisface las más profundas necesidades que algún ser humano pueda tener, vienen abundantes bendiciones, gozo, sabiduría, llenura de la plenitud de Dios y de su espíritu. La vida de Jesús, su muerte y resurrección dan origen a lo que llamamos tener vida en el hombre. Nuestra vida está en amarlo a Él, en tenerle a Él, en vivir para Él, servirle y adorarle.

Estas palabras te deben animar a buscar a Jesús como estas personas lo estaban haciendo, y además, traerlo a tu barca. Aunque los motivos de ellos estaban muy lejos de la verdad espiritual que Jesús les enseñó, puede que a ti también te haya pasado lo mismo que a ellos y ahora estas aprendiendo lo que verdaderamente significan que Cristo esté en tu barca. Sus palabras son muy claras y cuando Cristo está en tu barca nunca más tendrás necesidad, El saciará tu hambre y tu sed siempre y entonces vivirás tranquila y confiada porque Jesús cubrirá cada necesidad espiritual que tengas.

Permite que Dios esté y controle tu vida para que vivas la vida abundante que solo Él ofrece y que tiene todo el poder para dar. Huirán de ti la amargura, la tristeza, la ansiedad, los temores y por el contrario te fortalecerás; vivirás segura, llena de alabanzas y agradecida al que cambió tu vida y te sacó de la oscuridad y tinieblas en que estabas.

Él quiere que experimentes su completa paz y que sacies tu alma del gozo y la vida que Él solo te puede dar. Tú debes saber que sin Cristo estabas muerta, sedienta y hambrienta de aquello que solo Él puede satisfacer: tu sed y hambre de amor, de paz, de alegría, de victoria, de triunfos, de ver cosas nuevas y transformadas, de un matrimonio y una familia estable, de ver a tus hijos convertidos al Señor, de recuperar todo lo que el diablo te quitó, y de una vida espiritual personal —esa vida antes no te satisfacía porque nada de este mundo puede hacerlo—; te estoy hablando de esa parte de la vida, de ese vacío que hay en el corazón que cuando Cristo llega comienza a llenar y ocupar con su amor, vida y esperanza eterna.

La segunda enseñanza titulada *La pesca milagrosa* nos anima a creerle a Dios, a continuar intentándolo porque **Él es fiel y Dios de milagros**. No desmayes, esfuérzate, cobra ánimo y créele a Él. Cada promesa suya es una verdad esculpida en nuestros corazones por lo que no debes dudar. Después de probar tu fe, Él te dará señales de grandes propósitos que tiene contigo y saldrás a pastos deliciosos y de abundante paz y seguridad.

Así como Pedro dijo tú también puedes decir, «bueno Señor, si tú lo dices ¡en tu nombre echaré la red! ¡Aleluya!»

La pesca milagrosa es otra enseñanza poderosa de la que Pedro salió transformado. Este episodio nos muestra la importancia de la fe para agradar a Dios y, ¡cuánto gozo experimentamos al ver a Dios haciendo milagros en nuestras vidas! Una fe como la de Pedro produce ciertas bendiciones que te voy a mencionar a continuación:

- ✓ asegura el éxito
- ✓ es un arma defensiva
- ✓ es un deber fundamental
- ✓ está unida al amor

Después de Cristo ver esta fe en Pedro entonces le hizo saber cuál sería el propósito por el que le llamó. Quiero que sepas que Dios tiene un propósito contigo también y debes saberlo para en fe esperarlo. No dudes nunca que eres muy importante para Él y te escogió para contigo hacer grandes cosas. Recuerda que Jesús vino a buscar lo que se había perdido y para avergonzar a los que creen ser algo[5]; lo hace a través de vidas arrepentidas que permiten ser instrumento de poder en aquello que Dios determine.

Deja que Cristo dirija tu barca que es tu vida, con Él estarás segura siempre. Come y bebe de Él y estarás siempre satisfecha, llénate de Dios y permanece en su presencia cada día, confía en Él en todo tiempo. Así como a Pedro Él te mostrará lo que hará contigo, su propósito cumplirá en ti.

El salmista dijo: «Jehová cumplirá su propósito en mí, tu misericordia, oh Jehová, es para siempre, no desampares la obra de tus manos» (Salmos 138:8).

---

[5] *Véase Ezequiel 34:16, Mateo 15:24, 1ª Corintios 1:27*

SEIS

En pos de mi propósito.

«Jehová cumplirá su propósito en mí; tu misericordia, oh Jehová, es para siempre; no desampares la obra de tus manos» (Salmos 138:8).

SEIS
En pos de mi propósito

❖ Introducción

¿Sabías que ahora tu vida ha cambiado y que ya no eres más dirigida ni controlada por ti misma, ni por el mundo, ni por Satanás ni por ninguna otra persona o cosa?; ahora tienes amo y se llama Jesucristo. Él es quien ordena, dirige y guía tus pasos, y ahora, lo más grande que tú tienes —y que antes no tenía— es un propósito divino por el cual vivir.

Ya Dios te ha tomado y el designio que trazó para ti desde antes de la fundación del mundo comenzó a andar y tú solamente tendrás que descubrirlo en el camino. Él es el gran Dios, los planes que están en su voluntad se cumplirán en ti, pero es muy importante que para que estos se logren tengas en cuenta estas tres acciones en tu vida diaria que a continuación compartiremos.

En la palabra de Dios vamos a estudiar la proeza de tres mujeres que fueron llamadas para caminar con Él dando cumplimiento a grandes propósitos de Dios, los cuales, no solo le beneficiaban a ellas sino también a su pueblo. Dios tuvo en cuenta momentos especiales de grandes planes para Israel que por medio de estas mujeres se cumplieron porque ellas pusieron su mirada en Dios y supieron que ya no vivían para ellas sino para el que las llamó.

❖ Estudiando la palabra de Dios

- Lee en el libro de Rut, 2:11-12; 3:10-11

a) ¿Qué recibió Rut de parte de Booz por causa de su determinación?

b) ¿Quiénes fueron Rut y Booz en la genealogía de Jesucristo? (4:11-12)

- Leamos 1ª Samuel 1:2

c) ¿Cuál era el motivo de la angustia de Ana?

d) ¿Cómo se describe la oración de Ana escrita en 1ª Samuel 1:9-15?

- Leamos Jueces 4

e) ¿Cuáles fueron las palabras que Dios habló a Débora que aseguraban la victoria al pueblo de Israel frente a los enemigos?

f) ¿Qué hicieron Débora y Barac después de la batalla?

❖ Profundizando lo estudiado

6.1 Rut, una mujer determinada (libro de Rut)

Dios tenía un gran propósito en el cual Rut tuvo mucho que ver. Ella, sin saberlo, fue escogida por Dios para el gran plan divino de salvar a la humanidad. Por medio de ella nacería Obed, el abuelo de David, quien fue rey de Israel y de cuya descendencia nacería el Salvador del mundo, Jesucristo (véase Rut 4:13-22). Rut fue un ejemplo de mujer con determinaciones que quizá no fueron comprendidas por los demás, por los que la rodearon, incluso, por su familia, pues ella no era hebrea sino moabita. Pero ella sabía que algo especial y divino estaba tratando con su corazón y con su vida, era Dios quien estaba preparando el camino de algo grandioso que vendría; ella fue la escogida para esto. Dios le cambió el rumbo a su vida y ella fue completamente guiada por Él.

Rut, la moabita, decidió seguir a su suegra y hacer del pueblo hebreo su pueblo, y del Dios de los hebreos su Dios. Fue el comienzo de un propósito únicamente planeado por Él para unir a Rut con Booz y así hacer llegar la salvación a esta humanidad por medio de Jesucristo, su Hijo amado. No lo dudes, esta determinación de Rut fue puesta por Dios en el corazón de ella y sin vacilar escogió obedecer este consejo divino.

¿Alguna vez te has preguntado el porqué de muchas cosas en tu vida? ¿Por qué no encuentras respuesta a muchas de tus aflicciones o de esas decisiones que tomas aun sin comprenderlas? ¿Por qué no hay respuesta de parte de Dios a algunas de tus peticiones y solo encuentras silencio? ¿Por qué estás determinada a esperar aunque tengas muchos motivos para actuar? Puedes estar segura, ahí está Dios, todas esas decisiones salen de Él, algo muy bueno está tejiendo por medio de ti en beneficio de su gloria y de sus planes divinos.

Aunque no entiendas, aunque veas que otros no admiten tus determinaciones, si crees que es Dios quien te está guiando a tomarla, entonces, ¡sigue adelante! Dios te está llevando al cumplimiento de un propósito y te ha escogido a ti; nuestro Padre se agrada por corazones decididos como el tuyo.

Una mujer determinada es aquella que está dispuesta a sufrir agravios, a sufrir las incomprensiones de los demás, a ser cuestionada, que está en la voluntad de Dios y está apoyada en la verdad, en una palabra que Dios le ha dado, en una promesa que sostiene; aunque tenga muchos motivos para hacer lo contrario sigue adelante, confía en que los planes del Padre para con ella serán de bendición para reino de Dios y se satisface de ser escogida para esto. Una mujer determinada debe también orar intensamente para que Dios la guíe y le conceda todo lo que ella necesita y así pueda alcanzar su propósito, el cual, Él preparó de antemano.

Rut pasó por todo esto que hemos hablado. Toda su determinación era contraria a la que su concuñada Orfa esperaba de ella, incluso su suegra Noemí no entendió que le siguiera, pero Rut estaba determinada a seguirle.

6.1.1 ¿Cuáles fueron las palabras de Rut a Noemí en su determinación y que se hallan en el capítulo uno?

Luego Dios hizo ver a Noemí y a todo Israel que tenía un plan maravilloso con Rut, se casó con Booz y tuvieron un hijo de quien viene el rey David y Jesucristo, el Salvador. El plan de Dios con Rut se cumplió, ella obedeció a Dios a pesar de todo. Una mujer determinada a seguir adelante para ver cumplido el plan divino es honrada y valorada por Dios y por los hombres.

6.2 Ana, una mujer de oración (1ª Samuel 1,2)

Ana fue una mujer que sufría por causa de no poder tener hijos, ella le rogaba a Dios intensamente por este profundo deseo. Por varios años estuvo atribulada en angustia por la burla de Penina quien la irritaba mientras le daba hijos a Elcana. Este sufrimiento la hacía a ella ir a Dios continuamente y aunque ella no lo sabía Dios estaba preparando un plan, la llegada del profeta Samuel. Eran necesarias las batallas y las oraciones intensas para que Ana dedicara este hijo a Dios, ya que este tendría una gran responsabilidad en el pueblo, así como lo vemos después durante la vida de Samuel.

6.2.1 ¿Quién fue Samuel?

Samuel, escogido por Dios con un propósito para bendecir a su pueblo escogido ministraba desde niño en el servicio en el templo.

- ✓ Samuel respondió al llamado de Dios.
- ✓ Samuel se convirtió en el juez de Israel.
- ✓ Samuel unge a Saúl como rey cuando el pueblo pide un rey.
- ✓ Samuel designa públicamente a Saúl como rey.
- ✓ Corona a Saúl y más tarde Samuel le reprende por su desobediencia y profetiza su caída.
- ✓ Samuel viaja a Belén a ungir a David como rey.

Ana fue muy bendecida y honrada por Dios después de todas sus angustias. Dios cumplió a través de ella el propósito de traer al profeta Samuel a este mundo. Detrás de todo su tiempo de dolor y sufrimiento, no solo concibió a Samuel, quien fue un gran profeta de Dios en medio de su pueblo, sino que además, recibió consuelo con otros tres hijos y dos hijas más para que estuvieran con ella. Samuel significó mucho en la vida de Ana, concebir ese hijo la acercó mucho a Dios, sintió una gran devoción y abnegación por ese Padre que no conoce los imposibles.

La vida de oración de Ana nos enseña lo importante que es orar en tiempos en que vemos la necesidad de conocer cuál es nuestro propósito en este mundo.

- Lee los siguientes versículos bíblicos:

a) 1ª Samuel 1:20-28; 2:1-11

Una mujer que desea cumplir el propósito de Dios siempre estará decidida a alcanzarlo con oración continua para ser guiada y llena del Espíritu Santo. Deseará saber cómo Dios quiere hacerlo y su deseo será estar en la voluntad de Él.

b) ¿En qué medida la experiencia de Ana te ha ayudado a ver que siempre hay un propósito detrás de cada dificultad? Pon un ejemplo de tu propia vida.

Si ya estas decidida a ir en pos del plan que ha trazado Dios para tu vida, entonces ahora debes orar. Debes hacerlo con vehemencia para ser guiada y para que Él te haga estar en su voluntad a pesar de los impedimentos que puedan existir, de los obstáculos que se puedan levantar, y de todas las artimañas que el enemigo pueda utilizar.

> Dios te hará prosperar en medio de tu oración, y como a Ana, te hará gestar dentro de ti el propósito que diseñó para tu vida para que seas una bendición en sus manos, y te honrará.

6.3 Débora, una mujer guerrera (Jueces 4)

Este es el tercer paso para lograr el propósito de Dios, ser una guerrera espiritual; Dios nos ha llamado a conquistar. En esta historia vemos a Débora como una conquistadora peleando por el pueblo y los planes de Dios para ellos. Ella era la jueza de Israel por este tiempo y ahora había que derrotar a un poderoso enemigo que estaba amenazando la paz del pueblo hebreo.

En medio de un tiempo donde Israel andaba como bien le parecía Dios levantó a esta mujer extraordinaria a favor de su pueblo, mujer de conocimiento, sabiduría y piedad. Ella acostumbraba interpretar la voluntad de Dios, llegó a ser el espíritu alentador del gobierno y del pueblo, demostró ser una mujer de **propósito**. Dios en su soberanía la escogió para traer a este pueblo libertad por todas partes y dice la Escritura que la tierra reposó cuarenta años. Durante este tiempo de su liderazgo como jueza de Israel, ella transmitió al pueblo confianza en Dios, fue consejera, confortó a todos, fue valiente, respetada por todos. Ante las amenazas del rey Jabín ella se levantó para animar al pueblo y a los líderes a ir en contra de los enemigos.

Débora fue una mujer que «se jugó todo por ganarlo todo», ella sabía la condición del pueblo y el poder del enemigo pero aun así confió en Dios. Su armadura fue su confianza y dependencia absoluta en el poder de Dios. Nadie enfrentó la difícil situación, solo ella se atrevió y se levantó como madre protectora de su pueblo, entonó el canto de victoria y alabanzas a Dios junto a Barac. Dios honró a Débora manifestando su poder delante de todos. Él hizo posible la victoria usando la naturaleza (lluvias, estrellas, y las fuertes aguas del río Sisón) para destruir a los enemigos. Para una mujer que anda en el propósito de Dios es muy importante vestir esta armadura de confianza y dependencia en Dios, nadie se encontrará con su propósito si antes no está dispuesta a jugarse el todo por el todo como lo hizo ella —que estuvo dispuesta a enfrentar los desafíos que se le presentaron—, solo le bastó confiar en Dios.

¿Aún temes encontrarte con tu propósito para el cual fuiste creada? ¿Qué necesitas además de orar? ¿Cuál es esa armadura (Efesios 6:10-12) que según Pablo debemos vestir? ¿Qué harás con los temores, las dudas, la desconfianza, los complejos, la inmadurez espiritual, la cobardía, la poca estima y otras muchas cosas que el enemigo pone en tu mente para que no te lances al llamado de Dios?

- Lee los siguientes versículos bíblicos: Jueces 4:6-7; 5:7,16-21; Isaías 43:1-3; 1ª Juan 4:4.

Levántate como una guerrera espiritual, así como Débora, sin temor alguno porque Dios promete estar con los valientes que arrebatan su reino. Que tu confianza y dependencia absoluta en Él sea la mayor armadura que puedas vestir, esta armadura te hará ser una **mujer de propósito**, valiente y confiada; Dios te honrará.

❖ Aplicación práctica

a) ¿Qué circunstancia en tu vida te llevó a tomar alguna determinación? ¿Fue esta determinación correcta?

b) ¿Qué reflexión haces de la vida de oración de Ana en relación a la tuya?

c) ¿Qué debes hacer para caminar en el propósito de Dios?

❖ Conclusiones

Una mujer de propósito tendrá que comenzar teniendo la determinación de serlo cualquiera que sea el llamado que Dios le haga. Enfrentará grandes desafíos pero ella va en el nombre de Jesús. Su vida ahora tiene un solo camino y es estar en la voluntad de Dios. Está decidida a seguir al Señor a cualquier precio.

Una mujer de propósito será una mujer de oración. La vida de constante oración a Dios le ayudará a alcanzar el plan que Dios trazó para ella y la guiará. Se fortalecerá en Dios y no vacilará cuando sea enviada a ejercer su llamado.

Una mujer de propósito será una mujer que tendrá vestiduras de guerrera, sabe que el que va con ella es mayor que el que está en este mundo. Irá confiada y segura hacia el propósito porque depende de Dios completamente y su mirada está puesta en Jesucristo, Él es su meta.

Se precisa de una mujer de determinación como Rut, de oración como Ana y de valentía como Débora para que Dios cumpla en ella los propósitos que Él ha trazado; haz de ti esa mujer y Dios te honrará.

Dios todopoderoso + mujeres valientes en el propósito = victoria

SIETE

Enfrentando desafíos.

«Porque todo lo que es nacido de Dios vence al mundo; y esta es la victoria que ha vencido al mundo, nuestra fe. ¿Quién es el que vence al mundo, sino el que cree que Jesús es el Hijo de Dios?» (1ª Juan 5:4-5).

SIETE
Enfrentando desafíos.

❖ Introducción

En este mundo tenemos que vernos a menudo frente a grandes desafíos que debemos enfrentar. Es muy importante saber cómo enfrentarlos y salir de ellos victoriosos. Ante la palabra de Dios tenemos el reto de creerla y vivirla, ella es nuestra arma más poderosa para sostener nuestra fe y permanecer fuertes y fieles al Señor.

En la Escritura leeremos sobre cómo Jesús enseñaba a sus discípulos sobre cómo hacerle frente a los desafíos futuros dándoles la palabra necesaria para que no tropezaran. Cada una de estos acontecimientos, en circunstancias distintas nos da una gran lección para que apliquemos a nuestras vidas lo que Jesucristo aconseja.

❖ Aprendiendo la palabra de Dios

- Lea Juan 16:25-33

a) ¿De qué momento está hablando Jesús en el versículo 32?

b) Cristo le da a sus discípulos una enseñanza muy poderosa en el versículo 33. ¿Cuál es esta enseñanza?

- Mateo 6:22-23

c) ¿Cuáles son las dos categorías que da Jesús al ojo?

d) ¿Qué sucede si el ojo es bueno?

- Lee Juan 8:31-38…

e) ¿Cuál es la condición del hombre en relación al pecado?

- …y el versículo 36.

f) ¿De qué está hablando Jesús en este versículo?

❖ **Profundizando en lo estudiado**

7.1 Desafiadas a andar en fe

En este estudio estamos siendo desafiadas a andar en fe diariamente. El mundo del que Jesús habla es el mismo en el cual vivimos, un mundo de maldad y de pecado que continuamente asedia a esta humanidad. En el mundo enfrentamos grandes gigantes, batallas, tentaciones, aflicciones; pero Jesús ya venció.

7.1.1 ¿Podemos apoyarnos en Él cuándo somos sacudidas por las turbulentas corrientes y tempestades de este mundo?

Por supuesto que sí, Dios es el que nos sostiene. Nos ayuda a cruzar los obstáculos y vencerlo todo. Ahora bien, es necesario que andemos en fe.

- Lee 1ª Juan 5:4 - 5

Cuando no conocíamos a Cristo éramos atormentadas y ahogadas por las aflicciones de este mundo, muchas de nosotras, quizás usted misma, intentó hacer cosas tan desagradables que solo Dios le libró; pero al venir a Cristo y entregarle nuestra vida a Él ya no tenemos por qué sufrir por las cosas que en este mundo nos acontecen porque Cristo las venció todas. Ahora contamos con el victorioso y con el único que venció todo, venció el pecado, la muerte, al diablo, las tentaciones, las pruebas y aun venció el infierno.

Todo su ministerio anunció esta victoria que vendría y que ya estaba entre ellos. Lo que nos ayuda a vencer las adversidades de este mundo es creer que Jesucristo las venció todas antes que nosotras para que sepamos que también podemos vencerlas estando en Él.

Cristo es la ofrenda por el pecado, la ofrenda de paz para vencer a este mundo con todo lo malo que nos ofrece, debemos vivir en el conocimiento de quien es el Hijo de Dios para nosotras y todavía más para nuestra paz y salvación. Andar en esta fe nos da victoria siempre.

Nosotras merecíamos morir como castigo por el pecado, sufrir la ira de Dios, estábamos separadas de Él y esclavizadas al pecado y al reino de Satanás en este mundo pero:

- ✓ Jesucristo pagó por nosotras, pagó la pena de muerte que merecíamos.
- ✓ Él se dio en propiciación para alejarnos de la ira de Dios que merecíamos.
- ✓ Nos reconcilió con Dios y mediante la **fe,** ahora somos hijas de Dios. Él nos dio eterna redención, éramos esclavas pero Él nos dio libertad, nos rescató de la esclavitud de la culpa.

Creer y vivir en esta verdad es lo que llamamos fe en Jesucristo y esa fe nos sostiene para vencer todo desafío de este mundo. Podrán venir contra ti con el propósito de humillarte, afligirte y afectar tu fe, ¿pero vencerte? no, porque «vosotros sois de Dios, y los habéis vencido; porque mayor es el que está en vosotros, que el que está en el mundo» (1ª Juan 4:4); Cristo venció todo por nosotras. Jesús dice: «… en el mundo tendréis aflicción; pero confiad, yo he vencido al mundo» (Juan 16:33).

7.2 Desafiadas a andar en luz

Este próximo desafío que te estoy presentando hoy es muy importante para nuestra vida espiritual y sobre todo para andar en la luz del Señor. Jesús está enseñando a sus discípulos el valor de enfocar bien nuestros ojos, es decir, dirigirlos siempre hacia lo bueno.

¿Sabías que una persona antes de actuar primero dirige el ojo? Pues sí, cada acción nuestra, sea buena o mala, primero fue considerada por nuestro ojo; tenemos el desafío diario de cuidar bien dónde lo ponemos, de lo contrario sufriremos espiritualmente. Dirigirlo correctamente llenará de luz nuestro interior y todo nuestro cuerpo se iluminará, lo que quiere decir que nos traerá «vida».

Mateo 6:22-23 dice:

> La lámpara del cuerpo es el ojo; así que, si tu ojo es bueno, todo tu cuerpo estará lleno de luz; pero si tu ojo es maligno, todo tu cuerpo estará en tinieblas. Así que, si la luz que en ti hay es tinieblas, ¿cuántas no serán las mismas tinieblas?

Por ejemplo, si con el ojo bueno distinguimos correctamente nos enfocaremos en lo que Dios quiere de nosotras, porque un ojo bueno deseará obedecer la voluntad de Dios, huirá de todo pecado, mirará hacia arriba, perseguirá las cosas del cielo y no las de la tierra. Buscará adorar al Señor y alimentar continuamente el alma de la palabra de Dios y la oración, y esto traerá luz a nuestra vida. Cada vez que tomamos la decisión de perdonar, cada momento que sometemos nuestros deseos a la voluntad del Padre, cada instante que intentamos vivir la palabra de Dios, amar a nuestros enemigos, llenarnos del Espíritu Santo, luchar contra el pecado, bendecir en lugar de maldecir, todo esto traerá luz a nuestra vida, y es evidencia de un ojo bueno.

En cambio, si enfocamos nuestro ojo en lo malo nuestro cuerpo se llenará de tinieblas. El ojo maligno guía al engaño del diablo, a los placeres del mundo, a la distracción, a la voluntad de nuestra carne y de nuestros pensamientos, al pecado; entonces todo nuestro cuerpo se llenará de tinieblas, de oscuridad y traerá «muerte». Por lo tanto, no permitamos tinieblas en nosotras, al contrario, busquemos abrazar siempre la luz porque Cristo nos ofrece vida y las tinieblas solo traerán muerte espiritual. Jesús nos dice: «Yo soy la luz del mundo, el que me sigue, no andará en tinieblas, sino que tendrá la luz de la vida» (Juan 8:12).

7.3 Desafiadas a vivir en libertad

Ser libres no es un desafío, es una bendición que hemos recibido gracias a Jesucristo y la obra de redención que hizo a nosotras. El desafío es **creerlo** y **vivirlo**. Existe una conexión entre verdad y libertad, la verdad es la palabra de Dios que nos ofrece libertad. El Señor pagó un alto precio para librarnos de la esclavitud en que vivíamos.

Cristo sufrió toda clase de vituperios, azotes, burlas, y hasta la muerte, pero todo por amor a nosotras. Sobre Jesús cayó todo el pecado del mundo, en la cruz venció para darnos libertad resucitando al tercer día de entre los muertos, ¡gloriosa victoria! Él nos libró de todo, del pecado, de la muerte, del infierno, de la condenación eterna y del mundo. Ahora gozamos de libertad y ya no estamos sometidas a esclavitud. Solo Cristo puede hacernos libres por medio de su propia **vida, muerte y resurrección**. Tenemos el desafío diario de creer esa libertad obtenida gracias a Jesucristo y el de vivir en esa libertad por medio de su muerte y su resurrección.

- La verdadera libertad la podemos encontrar:

  - ✓ viviendo la vida del discípulo que persevera en conocer más y más al maestro (Véase Juan 8:31-32).
  - ✓ Permaneciendo en la palabra de Dios (v.31).
  - ✓ Experimentando la verdad.
  - ✓ Disfrutando y andando firmes en la libertad con que Cristo nos hizo libres (Gálatas 5:1).

La verdadera libertad se consigue a través de Jesucristo, apartados de Él seríamos esclavos sin rumbo ni propósitos, nada pudiéramos hacer (Juan 15:5); solo en el Hijo de Dios tenemos lugar permanente. Estamos en libertad cuando aceptamos su palabra y la ponemos por obra, así que te animo a creerle a Jesús aun con las batallas espirituales que tienes que librar en tu mente y a tu alrededor a diario. Cristo te hizo libre.

❖ Aplicación práctica

a) ¿Cuánto nos ayuda la fe para enfrentar los desafíos que nos presenta este mundo?

b) Cada día estamos siendo desafiadas a enfocar bien nuestros ojos, ¿cómo lo haces estando en este mundo?

c) ¿Puedes dar testimonios de algunas experiencias donde hayas recibido la libertad en Jesús?

❖ Conclusiones

Una mujer de Dios tiene la misión de enfrentar grandes desafíos y entre ellos estos que acabamos de estudiar. Podemos concluir esta lección con los siguientes desafíos:

Permanezcamos en fe ante cualquier conflicto, dificultad o batalla en esta vida (Juan 16:25-33).

Cristo nos enseña cómo hacerlo y cada enseñanza y vivencia que experimentamos de su palabra nos lleva a estar convencidas que siempre podemos vencer los retos que este mundo nos pone delante. La fe es esencial para vencer cada conflicto que se presenta y tenemos el desafío de creerle a Dios, creer en sus promesas, en su poder, en su palabra, en su paternidad. Él es nuestro gran apoyo para sostenernos y continuar en pie. Él es nuestro Padre y como tal nos cuida como hijas, su amor y protección es continua. Vivir confiadas en Él es uno de los más grandes desafíos que tenemos en esta vida y somos bienaventuradas cuando lo hacemos. Tomás no creía si no lo veía, mas, Él le dijo: «Porque me has visto, Tomás, creíste, bienaventurados los que no vieron y creyeron» (Juan 20:28).

Andemos en luz en medio de un mundo de oscuridad (Mateo 6:22-23).

¡Cuán importante es saber dirigir bien el ojo, es decir, dirigirlo hacia la dirección correcta! ¿Es este un gran desafío diario que tengo en mi vida? , por supuesto que sí, diariamente tengo que escoger si dirigir mi ojo hacia lo malo o hacia lo bueno. Jesús me da la oportunidad de yo escoger y si escojo bien entonces habrá mucha luz en mí ¡Aleluya!

Cree y vive la libertad en Jesús (Juan 8:30-38).

La muerte y resurrección de Cristo nos ofrece completa libertad y solo creer en ese sacrificio puede darnos completa liberación del pecado y la muerte. Muchas de nosotras vivimos amargas y tristes experiencias siendo esclavas del pecado como la droga, el alcohol, los vicios, y muchos otros por los que Cristo murió. Él nos libró del castigo por el pecado y nos hizo libre en su muerte dándonos vida eterna y completa sanidad de nuestros pecados. Experimentamos la liberación de todas estas ataduras teniendo una relación con la verdad de Dios, viviendo en su palabra, y podemos enfrentar el pecado, la carne y el mundo, gracias al poder de Dios que vive en nosotras. El desafío es grande, debemos creer que Él lo hizo por nosotros y debemos confiar y vivir en esa libertad diariamente. Ya no somos más esclavas sino libres. Somos libres del pecado.

Se necesita mucha fe, andar en luz en medio de un mundo oscuro y creer y vivir en la libertad que Cristo nos dio para enfrentar las diferentes batallas y conflictos que enfrentamos en este mundo. Ese es el gran desafío que tenemos, andar así, en **fe; luz y libertad.**

Necesitas creer que todo esto lo has recibido por medio de Cristo quien se dio a sí mismo por nosotras para librarnos de la esclavitud en que vivíamos, en el pecado y en manos de Satanás; pero Él, Cristo, con su gran poder nos libró de las tinieblas y nos trasladó al reino de Dios, reino de luz y salvación eterna.

OCHO

Soy ayuda idónea.

«Y dijo Jehová Dios: No es bueno que el hombre esté solo; le haré ayuda idónea para él» (Génesis 2:18).

OCHO
Soy ayuda idónea.

❖ Introducción

Cuando Dios creó a Adán vio que era bueno lo que hacía; pero luego dijo que no era bueno que el hombre estuviera solo, era necesario hacer ayuda idónea para él. Dios hizo que Adán cayera en sueño profundo mientras tomaba una de sus costillas para hacer a su mujer. Dijo Adán: «Esto es ahora hueso de mis huesos y carne de mi carne» (Génesis 2:23), y le puso por nombre Eva (Génesis 3:20).

De Eva podemos decir que tuvo la bendición de ser la creación de Dios de quien todas venimos a ser descendientes más por su pecado hizo que nosotras perdiéramos la bendición y vinimos a ser destituidas de la gloria de Dios. Pero gracias sean dadas a Dios que por medio de Cristo es posible nuestra restauración y comunión con el Padre eterno y volvemos a retomar nuestra posición como mujeres, ser «ayuda idónea». Si queremos aprender más de esto podemos encontrarlo en el libro de Génesis capítulos 2 y 3.

❖ Estudiando la palabra de Dios

- Lee Génesis 2:18-25

a) ¿Con qué propósito fue la mujer creada por Dios?

b) Enumere todas las cosas que vivían Adán y Eva como criaturas de Dios descritas en este pasaje.

- Lee Génesis 3

c) ¿Cómo fue que Eva perdió la oportunidad de continuar con su misión de ayuda idónea?

d) ¿Cuál es la enseñanza que transmite Génesis 3: 15?

e) Relacione este versículo con los siguientes textos bíblicos: Mateo 20:28, Juan 3:16.

f) ¿Qué enseña Jesús en cuanto a este tema de ser ayuda idónea en Mateo19:4-6, Marcos 10:6-9?

❖ Profundizando en lo estudiado

8.1 Creadas para esta misión

Dios es el Creador del hombre y de la mujer; diseñó una manera para que el hombre habitara delante de Él, ese diseño está descrito en este capítulo 2 del libro de Génesis. La mujer, Eva, fue creada de Adán para que fuese amada y cuidada por el hombre como a su propio cuerpo, a la vez ella se sujeta a su esposo siendo la ayuda idónea perfecta para él.

a) Escribe textualmente lo que dice Génesis 2:18

Dios, en su majestuosa cualidad de su carácter como Omnisciente, sabía que el hombre no podía estar solo y creó a la mujer para que ella le fuera por compañera y ayuda. Existía una relación de paz y armonía entre Dios y ellos, pero antes de crear a Eva le dio órdenes al hombre: «De todo árbol del huerto podrás comer, más del árbol de la ciencia del bien y del mal no comerás, porque el día que de él comieres, ciertamente morirás» (Génesis 2:16-17).

Dios creó a la mujer con esta misión de ser la ayuda idónea del varón y así todo estuvo muy bien hasta que ellos desobedecieron el mandato divino. Para Dios la ayuda idónea era alguien muy importante, Él la concibió con el propósito de ser el mejor instrumento suyo en las manos del hombre con quien trazó un plan. Así que debes creer que eres muy importante para Dios y no creer que no tengas valor alguno.

Pero, tristemente este diseño fue roto el día que Adán y Eva pecaron. Adán perdió su posición delante de Dios y Eva perdió su misión como mujer creada por Dios. Debe quedar claro que el papel central de la mujer es la de ser «ayuda idónea» para el hombre y no otro. Así lo estableció Dios cuando decidió crear a la mujer de la costilla del hombre mientras este dormía (véase Génesis 2:21-22).

Nosotras fuimos creadas por Dios con la misión de ser la ayuda idónea de nuestros esposos. Esta es nuestras principal labor en la tierra, debemos conocer que si somos capaces de cumplir con esta misión Dios estará cumpliendo con un gran propósito que tiene con nosotras y con nuestros esposos. Una mujer que ama a Dios deseará que sus planes se cumplan en su familia y entonces cooperará para lograrlo. Lo único que tendrá que hacer es ayudar a su esposo a hacerlo bien, esa es la idoneidad en ella. Como mujeres estaremos discerniendo todas las cosas y adquiriendo sabiduría de Dios para influenciar de manera positiva en la vida y ministerio de nuestros esposos y ser parte activa en el plan de Dios ocupando ese lugar.

8.2 La misión de la mujer se perdió

Adán y Eva perdieron la bendición, y la misión que Dios les otorgó a ambos se perdió por causa del pecado. Este capítulo 3 de Génesis ilustra la caída del hombre, cómo cayó y el juicio de Dios; pero también habla de la posibilidad de restaurarlo de su pecado. La misión a cumplir que Dios le dio Eva se vio amenazada por su desobediencia, que finalmente la perdió. El diseño divino para el matrimonio fue quebrantado, Eva tomó la posición de liderazgo que no le correspondía, habló con Satanás y obedeció a la codicia y al orgullo. Ella no solo desobedeció a Dios, sino también no tuvo en cuenta su debida sujeción al esposo a quien ignoró por ir tras su propia lujuria y a quien influyó hasta hacerle caer.

Después de esta desobediencia vino el juicio de Dios sobre ellos y sobre la serpiente, Satanás; y este juicio separó a ambos de la presencia de Dios (Génesis 3:23-24). La misión de la mujer, Eva, se perdió y ahora ella junto a Adán se convirtieron en simples mortales de quienes somos descendientes toda la raza humana. Después ellos concibieron hijos, pero la maldad y el pecado fue creciendo tanto que la Biblia dice: «Y vio Jehová que la maldad de los hombres era mucha en la tierra, y que todo designio de los pensamientos del corazón de ellos era de continuo solamente el mal. Y se arrepintió Jehová de haber hecho hombre en la tierra, y le dolió en su corazón» (Génesis 6:5-6). Después de esto Dios decidió destruir a todo ser viviente con la tierra, aunque Noé halló gracia ante sus ojos (véase Génesis 6:13). Para nuestro consuelo Dios también pensó en restaurar al hombre de su caída y la primera profecía la encontramos en Génesis 3:15, ¡gloria a Dios! Esta es la gran oportunidad para el hombre de restaurar su condición caída y volver a recuperar su condición en el principio en su relación con Dios. Nosotras podemos restaurar esa misión que Dios le dio a Eva un día, ser «la ayuda idónea» de nuestros esposos. ¿Cómo lo podemos lograr? A continuación veremos el camino de **restauración de nuestra misión** como mujeres.

8.3 Provisión de Dios para nuestra misión

La restauración de todas las cosas sucederá y nuestra misión como esposas —ayudas idóneas— es posible que restauremos. La promesa de restauración y destrucción del mal fue dada inmediatamente después del pecado cometido por Adán y Eva. Esta promesa está escrita en Génesis 3:15 que hemos examinado y estudiado; dicha promesa lanzada por Dios tuvo su cumplimiento con la llegada de Jesucristo, el Hijo de Dios, su **advenimiento, vida, muerte y resurrección** es la única forma que tenemos de recuperar lo perdido y volver al diseño divino , cuando creó a Adán y a Eva.

Dios hizo una promesa bondadosa sobre Cristo como el libertador del hombre caído del poder de Satanás. Esta promesa ofrece esperanza de perdón y salvación al hombre. Por fe en esta promesa fueron justificados y salvados nuestros primeros padres y patriarcas anteriores al diluvio.

8.3.1 Existen detalles importantes acerca de Cristo en esta promesa y quiero compartírtelas:

- ✓ **su encarnación:** Él vendría en carne, como simiente de la mujer.
- ✓ **su sufrimiento y muerte:** refiriéndolo por medio de Satanás que heriría el calcañar de Jesús, en su naturaleza humana todo lo que sufrió y padeció.
- ✓ **victoria de Cristo sobre Satanás**: Cristo frustró las tentaciones de Satanás rescatando almas de sus manos. Su muerte dio un golpe fatal al reino del diablo, una herida incurable en la cabeza de esta serpiente.

Por medio del sacrificio y resurrección de Cristo nosotras podemos recuperar el diseño de Dios como ayuda idónea que Dios planeó para nosotras. Es importante saber que estando en Cristo podemos nacer de nuevo (Juan 3:3) y este nacimiento es del agua y del espíritu (v.5). Con su ayuda podemos arreglar áreas en nuestras vidas y tomar esta posición en el matrimonio (ayuda idónea) para lograr cumplir con nuestra misión en el hogar.

Hoy te animo a que aceptes el reto de volverte a Cristo y a desear tomar el lugar de tu diseño y no otro. Dios no nos creó para ser las líderes del hogar, mientras tomemos esa posición viviremos en fracaso espiritual, Él desea que dentro del matrimonio estemos sujetas a nuestros esposos y seamos la ayuda idónea para ellos. Cuando ocupemos bien cada una el *rol* que nos corresponde dentro del matrimonio entonces marcharemos bien, Dios honrará a la mujer que sabe y ocupa su misión en esta tierra en medio de la familia.

- Apoyo bíblico: Efesios 3:18, 5:22

La mujer será ayuda idónea y estará sujeta a su esposo. Estos versículos nos dicen que ella estará sujeta a él como conviene en el Señor, es decir, de la manera que Dios ha querido pues es lo que es mejor. Aceptar este principio bíblico genera grandes polémicas, pero es la manera en que Dios diseñó el papel de la mujer dentro del matrimonio y Satanás se ha encargado de desviarlo para que ella no acepte su posición en el hogar. El feminismo, la autoridad de la mujer sobre el hombre ha sido muy marcado en este tiempo presente, pero Dios nos enseña que la mujer no es cabeza del hogar y está sujeta a su esposo siempre. La misión nuestra es la de ayudar a los esposos para que ejerzan el sacerdocio.

Cuando una mujer acepta y permite que Dios obre en ella para ocupar esta posición es muy bendecida, el Espíritu Santo hará la labor en el interior del alma porque simplemente ella ha decidido obedecer y agradar a Dios sin importar cómo el hombre se comporte. Ella está enfocada en agradar a su Señor.

8.3.2 ¿Qué dice la Escritura en cuanto a la mujer con un esposo incrédulo?

- Lee 1ª Pedro 3:1.

La Escritura es clara en este versículo refiriéndose a la mujer casada con un hombre incrédulo. Ella estará sujeta a su marido. Aunque pueda ser una labor difícil Dios le encomienda la misión de mostrarse como ayuda idónea. Su testimonio diario obrará a su favor y con su conducta bendecirá la vida de su marido; de este modo podrá ganarlo para Cristo sin haber hecho uso de una sola palabra. Esta mujer deberá vivir una vida de **oración, dependencia y confianza en Dios** y esperará con fe y paciencia el resultado de su comportamiento.

❖ En oración

Tomemos unos minutos para orar por nosotras para que aceptemos este principio bíblico de estar sujetas y ser la ayuda idónea de nuestros esposos sin cuestionar. Creceremos en esta área de nuestra vida en la práctica. Sabemos cuán difícil nos es ejercer esta virtud de la mujer cristiana y Satanás no quiere que nosotras crezcamos en Dios; pero si tú deseas ser perfeccionada el Espíritu Santo te ayudará. También oremos por las que tienen esposos incrédulos para que ellas reciban la ayuda del Señor y puedan ser de bendición para ellos, que puedan orar fervientemente para que Dios los transforme.

Para muchas mujeres es muy difícil por la relación que viven desigual; pero Dios es poderoso para hacer nuevas todas las cosas y hacer milagros. Oremos en fe y comencemos a actuar diferente frente a esta situación tomando el lugar que Dios diseñó para nosotras.

❖ Aplicación práctica

- Lee Efesios 5:21-33 y Colosenses 3:18-19, 1ª Pedro 3:1-2.

Después de leer estos textos bíblicos examínese usted misma y resuma cuánto le ayudan estas palabras escritas en la Biblia, nuestra guía, para volver a tomar el lugar que Dios nos asignó como ayuda idónea de nuestros esposos. Orar le ayudará.

❖ Conclusiones

¿Qué es una ayuda idónea según Dios?

Es una mujer que acepta jugar ese *rol* en el matrimonio, pues es la voluntad de Dios. Sabe que debe ayudar a su esposo en todas las direcciones de su vida (vida espiritual, familia, ministerio).

¿Cómo puedo ser esa ayuda idónea que Dios espera de mí?

Si he aceptado el sacrificio de Cristo, entonces Él me ayudará a lograrlo y yo querré hacer su voluntad aceptando su palabra y orando para que se cumpla en mi vida.

¿Cuáles son las bendiciones que recibiré si soy la ayuda idónea que Dios quiere que yo sea para mi esposo?

Son muchas las bendiciones que recibiré, pero principalmente gozaré de un matrimonio bendecido, una familia próspera, hijos bien instruidos en la voluntad de Dios, honra del esposo y de nuestro Señor.

NUEVE

Balance entre servicio y adoración.

«Respondiendo Jesús, le dijo: Marta, Marta, afanada y turbada estás con muchas cosas. Pero sólo una cosa es necesaria; y María ha escogido la buena parte, la cual no le será quitada» (Lucas 10: 41-42).

NUEVE

Balance entre servicio y adoración.

❖ Introducción

Lázaro tenía dos hermanas, Marta y María. Ellas tenían en común algunas cosas, pero también podemos ver entre ellas algunas diferencias. En esta lección estudiaremos algunos aspectos importantes que la mujer cristiana debe conocer y aplicar correctamente en su vida cotidiana; será de mucha bendición para efectiva relación con el Señor. Estaremos aprendiendo lo que es la **adoración** y el **servicio a Dios**. Ambos términos se manifiestan en nuestro andar diario y Dios se agrada de nosotras cuando nos halla teniendo una sincera adoración y sirviendo en su iglesia; pero será muy importante que sepamos balancear entre ambos para no errar.

Veremos lo que significa la adoración verdadera y el servicio que Dios quiere que le ofrezcamos, que es por medio de nuestros dones espirituales que nos dio a través de su Espíritu Santo. Cuando fuimos salvadas Cristo nos envió su Espíritu Santo y este trajo a nuestras vidas dones que nunca antes tuvimos, Él nos lo ha regalado para que le glorifiquemos.

❖ Estudiando la palabra de Dios

- Lee Juan 11:1-27

a) ¿Qué enseñanza le da Jesús a Marta acerca de la resurrección?

- Lee Juan11:28-32

b) ¿Qué revela esta actitud de María?

c) ¿Cuántas cosas puedes ver en la actitud de Marta hacia su hermana María?

- Lee Lucas 10:41

d) Qué quiso decir Jesús a Marta con estas palabras?

- Lee Juan 11:20-27

e) ¿Cuál es el tema principal de esta confrontación de Jesús a Marta?

f) ¿Cuál fue la actitud de Jesús cuando María se acerca a él? (v.33)

❖ Profundizando en lo estudiado

9.1 Identidad con Jesús (Juan 11:1-27)

Esta era una familia que tenía un genuino y firme afecto por Jesús; eran amados por el Señor de una manera especial por lo que disfrutaba de una íntima comunión con Él. Marta y María tenían identidad con Jesús; ellas conocían las Escrituras, la resurrección, y que Él era el Mesías. Aun así, Jesús enseña a estas hermanas lo que es la verdadera adoración y el servicio.

Sabemos que Marta y María tuvieron diferentes actitudes frente al Señor, ambas lamentaron mucho que Jesús no estuviera con ellas para que su hermano Lázaro no muriera. El diálogo entre Jesús y Marta en este capítulo es muy interesante porque a pesar de poseer identidad con el Señor necesitaba saber la verdad más grande en cuanto a la salvación.

Jesús fue llevando a Marta a la verdad cuando dijo: «Yo soy la resurrección y la vida; el que cree en mí, aunque esté muerto, vivirá» (v.25). Jesús enseña a Marta que aunque ella tenía identidad con Él le faltaba conocer este aspecto de la resurrección[6]: «Y todo aquel que vive y cree en mí, no morirá eternamente» (v.26), lo que era muy importante para la salvación. Luego ella termina la conversación haciendo una confesión de fe en Él, reconociendo a Jesucristo, el Hijo de Dios, y su venida en carne para salvar al mundo.

9.2 Diferencia entre las hermanas (Lucas 10:38-42)

A pesar de todo esto ellas tuvieron diferentes actitudes frente al Señor cuando le recibieron en su casa. Mientras Marta servía, María estaba a los pies de Jesús adorándolo y prestando atención a todas sus palabras; Marta por el contrario, aunque estaba preparando una cena a Jesús su corazón no estaba disfrutando aquel momento, estaba lleno de malos pensamientos hacia su hermana.

[6] *Para profundizar en cuanto a la resurrección de los muertos lee 1ª Corintios 15:1-58*

9.2.1 ¿Cuál fue la queja de Marta ante el Señor por su hermana?

En el versículo cuarenta la encontramos quejándose de su hermana María que no la ayudaba durante el servicio. El Señor la considera turbada y afanada por los quehaceres y eso fue lo que la llevó a la queja. Su servicio no era en adoración.

Existe una gran diferencia entre ambas hermanas en cuanto a la actitud que asumieron delante del Señor cuando Él las visitó. Aunque en un principio quizá Marta decidió servirle de manera espontánea para mostrarle su amor, no terminó su servicio en un espíritu de amor y adoración, todo lo contrario; su corazón estaba lleno de envidia, enojo, preocupación y turbación contra su hermana. María en cambio entendió que su modo de mostrar su amor por Jesús era postrarse a sus pies, adorarle, y escucharle; ella recibió halagos de parte del Señor. Jesús confrontó a Marta, consideró que ella estaba afanada y turbada, simultáneamente elogiaba a Marta por su actitud de estar a sus pies escuchando su enseñanza. Este servicio que Marta está desarrollando no es el servicio al ministerio, es clara la Biblia cuando dice que estaba preocupada con muchos quehaceres (Véase v.40) Este servicio le trajo a Marta algunos problemas espirituales como turbación, enojo, molestia, y otros; por lo que Jesús fue claro con ella y le dijo lo que realmente era necesario hacer en esta vida.

9.2.2 ¿Qué es *adoración* y *servicio*?

- Adoración (Lee Juan 4:23)

La verdadera adoración tiene lugar en espíritu y verdad, es decir, de acuerdo con la verdad del Padre que se revela en el Hijo y se recibe por medio del Espíritu. En este texto Jesús está enseñando a esta mujer samaritana cómo se debe adorar.

- ✓ **en espíritu**: Jesús quiso decir que debemos adorarlo con todo nuestro ser, con todo lo que somos. Es la parte inmaterial de nosotras que cubre nuestras emociones, carácter, y pensamientos.
- ✓ **en verdad**: sabiendo al Dios que adoramos. Conociendo la verdad de su existencia y poder, la realidad de quién es Dios.

La combinación de ambos aspectos —espíritu y verdad— nos lleva a una apreciación gozosa de Dios a la luz de las Escrituras: mientras más conocemos sobre Dios, más aspectos de su grandeza podemos adorar; mientras más conocemos de Él, más profunda será nuestra adoración; mientras más profunda es nuestra adoración, Dios es más glorificado.

- **Servicio (Lee 1ªCorintios 12:7-11).**

El servicio a Dios al cual nos vamos a referir ahora va más allá de un simple servicio a las mesas. El Espíritu Santo se manifiesta mediante una variedad de dones espirituales[7] que recibe el creyente para la edificación y santificación de la Iglesia. Son los dones por los cuales el creyente recibe el poder y la capacidad para un servicio permanente como cuerpo de Cristo.

9.3 Actitud de Jesús hacia Marta y maría

- Jesús en Lucas 10:38-40 expresa dos puntos importantes:

  - ✓ lo que es necesario
  - ✓ la buena parte que no le será quitada a quien la tome

Resumiendo, Jesús nos está diciendo lo que verdaderamente necesitamos aprender y hacer para tener victoria en esta vida y nos sea de bendición en nuestro andar diario con Él.

9.3.1 ¿Qué es lo necesario?

Lo necesario es hacer lo que hizo María: humillarse, rendirse, adorarle, conocerle, intimar con Él, pasar tiempo con Él, escuchar su palabra y obedecerle. Instruir a las demás mujeres en esta actitud y buscar desarrollar los dones dentro de este ambiente espiritual de adoración. Como mujeres debemos querer servir en áreas espirituales con los dones espirituales que hemos recibido pero que solo es posible desarrollar y activar si estamos en esta posición en la que María estuvo.

9.3.2 ¿Cuál es la buena parte que no nos será quitada?

Cuando nosotras hacemos lo que es necesario y contagiamos a las demás mujeres con este andar de adoración a Dios en sus hogares, en la iglesia, entonces traerá cambios a nuestras vidas y al hogar. ¿Cuántas son las cosas que traerá? Adoración espiritual y verdadera del pueblo a Dios, correcta y sana doctrina al pueblo, transformación, se activará el fruto y los dones del Espíritu. Estas son cosas que llegarán a la vida de nosotras y de nuestras hermanas en las congregaciones y es lo que Jesús les dijo a Marta y María que nunca le sería quitada porque estas bendiciones no las podemos recibir si no estamos en una posición de **entrega** y **adoración a Cristo**. Todas estas bendiciones que recibimos poseen una cualidad eterna, imperecedera, indestructible, irrevocable.

- **Aplicación práctica**

---

[7] *La lista de dones puedes encontrarla en 1ª Corintios 12:8-10, Romanos 12:1-8, 1ª Corintios 14:1-40) Las manifestaciones del espíritu se dan según la voluntad del Espíritu. Es el Espíritu Santo obrando por medio de los creyentes para traer edificación a la Iglesia.*

a) Si alguien quisiera saber de tu identidad con Jesús, ¿qué le dirías? g

b) ¿Cuánto de las actitudes de estas dos mujeres aplicarías a tu vida?

- Lee Mateo 26:10-13

c) ¿Cómo consideras que fueron estas palabras de Jesús dichas acerca de María?

❖ Conclusiones

Jesús fue recibido en una casa, la casa de María y Marta. Muchos distinguen a Marta como la mujer práctica, ocupada y afanada; y a María como la mujer espiritual. Sin embargo, estas dos mujeres revelan singulares dones por medio de los cuales servían a Dios; Marta ocupada en el servicio y María solo quería estar a los pies del Señor. Aunque Jesús le haya llamado la atención a Marta por estar muy afanada y ocupada, no significa que sea malo servir o que se practique el servicio; lo realmente peligroso de esto es darle al servicio mayor tiempo que a la adoración al Señor.

Jesús le dice a Marta: «Marta, Marta, afanada y turbada estás con muchas cosas. Pero sólo una cosa es necesaria; y María ha escogido la buena parte… » (Lucas 10:41-42). Notemos el sentido de la palabra que utiliza Jesús al referirse a María, es la palabra *escogió* que significa *elegir* o *preferir* a alguien o alguna cosa para un fin. Entonces viéndolo así desde este término podemos concluir que Marta prefirió estar ocupada sirviendo al Señor y María prefirió estar a los pies de Él escuchando y aprendiendo de Jesús.

¿Cuál era el fin que ellas perseguían con estas actitudes?

Marta escogió el servicio con el fin de servir al Señor a quien había recibido en su casa y María escogió el sentarse a escuchar a Jesús con el fin de adorarle. La preocupación legítima de Marta era ser una buena anfitriona y la preocupación legítima de María era la de ser una buena discípula del Señor.

Entendamos esto, Jesús no rechaza la hospitalidad de Marta, pero le preocupaba su confusión y su excesiva entrega a sus muchos quehaceres de manera afanosa lo que la llevaba a subestimar lo único que realmente ella necesitaba, escucharle a Él.

¿Estás tú representada en alguna de estas dos mujeres? ¿Cuál de ellas eres tú? Creo que no hay error alguno en preferir una cosa o la otra, ambas estaban teniendo una buena actitud, pero lo que sí veo es que Jesús enseña por medio de estas dos actitudes a balancear entre la devoción y el servicio. Estos dos deberes que tenemos como mujeres no son irreconciliables en la vida de una hija de Dios y nunca deberíamos contraponer una contra la otra. Lo que debemos hacer es asumir la verdad de que ambas actitudes deben estar de manera activa en nuestras vidas.

En la palabra de Dios podemos encontrar varios ejemplos de mujeres que amaron al Señor y su modo de expresarlo fue a través del servicio y la adoración.

- ✓ En Lucas 8:2 las mujeres le servían.
- ✓ En Romanos 16:1 Pablo pide ayuda por una mujer que ha estado sirviendo en la iglesia.
- ✓ En Juan 12:1-8 Marta servía y María enjugó los pies con sus cabellos.

Nosotras tenemos que aprender mucho de las actitudes de estas dos mujeres, Marta y María, ellas nos transmiten valiosas enseñanzas por lo que no debemos desechar ni una ni a la otra.

¿Cuál sería la enseñanza clave de la actitud de ellas?

Servicio y **adoración** van de la mano, es preciso darles un equilibrio para nuestra efectiva relación con el Señor. De Marta y María aprendamos a no inclinarnos ni a un lado ni al otro sino hacer una balanza entre ambas. Nosotras, como mujeres, tenemos la tendencia de estar siempre ocupadas con muchas cosas y no nos damos cuenta que abandonamos la adoración por causa de la ocupación, pero ambas tareas son oportunas y para lograrlo tenemos que prestar atención a las enseñanzas que da Jesús, «Pero solo una cosa es necesaria… » (v.42).

Quizás hoy mismo estás enfrentando dificultades en cómo lograr tener tiempos con Dios, pero la tanta ocupación no te deja y aunque pienses hacerlo solamente podrás lograrlo si te esfuerzas. El servicio al Señor es muy **útil y fundamental** para nuestra vida espiritual, y la adoración al Señor es **necesaria**, ejercerlos simultáneamente te garantizará un equilibrio a tu vida y entonces es que habrás logrado satisfacer a Dios.

A todas nosotras nos deleita el servir al Señor en todo, queremos entregarnos a Él y servirle en todo lo que sabemos y deseamos hacer, queremos ser usadas por medio de los dones espirituales que nos regaló el Señor, queremos servir también a otros que necesitan nuestra ayuda y que Dios pone en nuestras vidas para ayudarlos o apoyarlos en una tarea específica. Servir es una manera muy especial de decirle a Jesús: «Te amo».

Por otro lado, el adorar a Cristo, poner el día en sus manos, desear cada mañana pasar tiempo con Él y su palabra, orar, elevar alabanzas y acciones de gracias, recibir respuestas a nuestras oraciones y serles agradecidas, poner en sus manos nuestra familia, nuestras cargas, nuestras necesidades y adorarlo por todo lo que Él es y por su fidelidad, también es una manera especial de decirle a Jesús: «Te amo».

Tanto adorar como servir al Señor es una forma de decirle: «Te amo».

Ambas hermanas le mostraron a Jesús que lo amaban mostrándole su amor con lo que ellas creían que era la mejor manera; Marta, sirviéndole; María, adorándole. ¿Dónde entonces, estuvo el error que hizo a Jesús llamar la atención a María y que a nosotras nos hace detenernos y reflexionar? Marta no entendió el momento que estaba viviendo, como le dijo Jesús: «Marta, Marta, afanada y turbada estas con muchas cosas, pero solo una cosa te es necesaria» (vv. 41-42a).

¿A qué se refería Jesús?

Él se estaba refiriendo a la adoración y atención que Marta debía ofrecerle en ese momento que estaba Él presente allí en su casa y lo que **Jesús quería era ser escuchado**. El no rechazó el servicio que ella le ofrecía sino el excesivo servicio.

Hay momentos para detenernos y reflexionar en esto, no tener el servicio como mi evaluación máxima de adoración, porque no es así, la adoración es mucho más necesaria, ¿recuerdas que le dijo Jesús acerca de la actitud de María? «... María ha escogido la mejor parte» y encontrar un equilibrio entre ambas traerá bendición.

¿Recuerdas cómo empezamos la clase de hoy?

Devoción y servicio son la balanza que nos sostendrá para vivir una vida espiritual y una relación con Dios de manera equilibrada, ¡no pierdas esa bendición de vivir en ese equilibrio!

DIEZ

El poder del evangelio.

«Y Jesús se acercó y les habló diciendo: Toda potestad me es dada en el cielo y en la tierra. Por tanto, id, y haced discípulos a todas las naciones, bautizándolos en el nombre del Padre, y del Hijo, y del Espíritu Santo, enseñándoles que guarden todas las cosas que os he mandado; y he aquí yo estoy con vosotros todos los días, hasta el fin del mundo. Amén. » (Mateo 28: 18-20).

DIEZ

El poder del evangelio.

❖ Introducción

En las lecciones anteriores has estado aprendiendo de Jesús y lo que realmente necesitas conocer de manera práctica. Cristo te ha llamado con un gran propósito, has recobrado tu identidad y ahora ya no eres más la que «llamaban» sino la que «eres» delante de Dios: hija, bendita y nueva criatura.

Esta lección resumirá todo lo estudiado; aprenderás que la única manera de salir a vida nueva es a través de la sangre de nuestro Señor y que hemos sido llamadas a «transformar» no solo nuestras vidas, también todo a nuestro alrededor con el evangelio.

¿Cuál es el poder del evangelio? Esto estaremos aprendiendo en esta lección. Quizá llevas algún tiempo caminando con Jesús sin saber que muchas cosas ocurren en tu vida debido al poder del evangelio.

❖ Estudiando la palabra de Dios

a) Debemos admitir que el evangelio es transformador, ¿cómo lo puedes describir a través de esta ilustración de Jesús?

- Lee Mateo 28:16-20.

b) ¿Cuál es la gran comisión que Cristo dejó a la Iglesia?

c) ¿Qué entiendes por «hacer discípulos»?

- Lee Juan 4:1-42

d) ¿Qué sucedió con esta mujer después de hablar con Jesús?

e) ¿Cuál fue la reacción del pueblo al ver a esta mujer después de su encuentro con Jesús?

❖ Profundiza en lo estudiado

10.1 Remiendo de paño nuevo sobre vestido nuevo (Mateo 9:14-17).

Después de haber realizado el estudio de ambos pasajes y que es Jesús quien está dando esta enseñanza podemos entonces resumir lo que hemos aprendido en esta lección. En el Evangelio de Mateo 9:16 el Señor enseñó esto: «Nadie pone remiendo de paño nuevo en vestido viejo; porque tal remiendo tira del vestido, y se hace peor la rotura».

10.1.1 ¿Qué nos está enseñando el Señor?

El paño nuevo al cual se refiere Jesús representa al evangelio como lo único que trae cambio, transformación a cualquier persona, comunidad, sociedad y nación. El evangelio no puede ponerse o aplicarse sobre antiguas formas sociales y culturales; debe ser aplicado sobre sus nuevas estructuras. Sus propios valores y patrones dados por el mismo Dios deben ser aceptados tal y como son. El evangelio no debe ser aplicado sobre formas antiguas —estructuras sociales y culturales—sino sobre nuevas estructuras, de no ser así será un problema romper con todo lo que la palabra de Dios declara que romperá del viejo hombre. Es importante vivir el nuevo pacto, dejarse moldear por las nuevas formas del evangelio y permitir esa transformación verdadera.

Jesús enseña a sus discípulos y a los samaritanos que Él es la fuente que da vida eterna, que Él transforma las vidas y su poder rompe con todas las normas y tradiciones de los hombres. Jesús enseñó a sus discípulos que el evangelio era algo diferente, nuevo. Como les enseñó anteriormente acerca del paño nuevo que no se puede poner en vestido viejo y también que el vino nuevo no se echa en odres viejos, ahora les demostró con hechos lo que era esta enseñanza.

En las lecciones que hemos estudiado anteriormente vimos todo lo que la palabra de Dios trae como nuevos valores y principios bíblicos que el hombre tendrá como norma de vida y que ahora es su identidad. Las tradiciones y estilo de vida que pertenecen a la vieja naturaleza ahora ya no son más, Dios nos trae una nueva vida que no se puede aplicar sobre las normas antiguas, no puede funcionar así. Dios nos ha dado un nuevo nacimiento, por lo tanto, debemos vivir sobre nuevas normas y principios morales y sociales en nuestra vida personal y en relación con Dios, la familia y los demás.

a) Escribe el siguiente versículo bíblico:

2ª Corintios 5:17

- Lee Efesios 5:1-20.

b) Ora guiada por el Espíritu Santo basada en la lectura de la palabra de Dios.

10.2 La gran comisión (Mateo 28:16-20)

Estas fueron las palabras de Jesús a sus seguidores y aún están en acción para la iglesia. Cada persona que se convierte a Cristo es alguien que está siendo comisionado a predicar el evangelio y su conversión en discípulo de Jesucristo le lleva a la transformación por el poder del evangelio.

10.2.1 ¿Qué es un discípulo?

Un discípulo es un aprendiz, es alguien que tiene un maestro que le enseña. Muchos piensan que recibir el perdón de Dios los hace automáticamente discípulos, pero no es así. Un discípulo de Jesús es alguien que después de haberse reconciliado con Dios decide caminar en pos de Él, de su palabra y su doctrina. El Señor dijo a sus discípulos que fueran e hicieran discípulos y los bautizaran y les enseñaran todas las cosas.

También nosotras debemos cumplir con esta gran comisión, Dios espera de nosotras que vayamos y hablemos a otros de lo que Él ha hecho con nosotras, mostremos el poder del evangelio a través de nuestra transformación y enseñemos lo que su palabra dice de Él. El versículo veinte dice que Jesús promete estar con nosotras si nos ocupamos en ganar almas y enseñar a otros a guardar sus principios justos.

Las Escrituras enseñan con claridad que Cristo quiere que sus seguidores den testimonio del poder del evangelio a través de **vidas transformadas**, de la obra que Cristo está haciendo en ellos y en otros con señales y prodigios por medio del Espíritu Santo.

- Lee Mateo 10:1, Marcos 16:15-20, Hechos 4:31-33

a) ¿Cuál es el testimonio del poder del evangelio en tu vida?

10.3 Jesús y la mujer samaritana (Juan 4: 1-42)

Los discípulos vieron a Jesús acercarse y conversar con esta mujer de Samaria. A los discípulos les asombró mucho lo que Jesús estaba haciendo, pues no existían buenas relaciones entre judíos y samaritanos y además, en aquellos tiempos no podía el hombre hablar con una mujer (v.27).

En este encuentro Jesús enseñó varios conceptos que quería que nosotras aprendiéramos y son los siguientes:

- ✓ Jesús mostró una nueva forma de adorar. (vv.21-24) Les enseñó que la adoración no era únicamente en Jerusalén sino podrían todas las naciones. Ahora vendría una adoración diferente: en espíritu y verdad (para profundizar en esto podemos remitirnos a la lección anterior), esta es la forma de adoración que Jesús desea que nosotras le demos a Él.

- ✓ Los samaritanos le recibieron y estuvo con ellos dos días en su ciudad, donde antes no podían entrar los judíos. Muchos creyeron en Él por lo que vieron en esta mujer, pero muchos más creyeron por la palabra de Él. (vv.39 -41)

Cuando esta mujer dijo que deseaba beber de esa agua que Cristo le estaba ofreciendo fue transformada. Esa agua le ayudó a romper con todos los yugos que la tenía esclavizada por mucho tiempo. Todas las tradiciones de los hombres, la religión, las estructuras de esa sociedad y la cultura que mantenían a esta mujer y a esta comunidad atada a legalismos y dogmas humanos fueron rotas por la palabra de Jesús. Las palabras de los hombres de Samaria son una evidencia palpable que el evangelio de salvación había llegado a ellos porque habían creído verdaderamente en el salvador del mundo.

Jesús les enseñó que el evangelio es trasformación. Él rompió con tradiciones, legalismos, estructuras y religión; también les mostró que el evangelio va por encima de las estructuras y patrones sociales y culturales. Jesús transformó a esta mujer ese día, ella fue un instrumento en manos de Él para llevar a su comunidad la buena noticia. Ella, dejando su cántaro, fue al pueblo rápidamente a contarle a su gente todo lo que le había sucedido (vv.28-29), les llevó el poder que la transformó y ese mismo poder hizo que ellos creyeran y fueran adonde estaba Jesús (v.30). La transformación llegó a aquella ciudad y dice la Escritura que muchos creyeron en Él por la palabra de Jesús.

❖ Aplicación práctica

a) ¿Cómo ves el poder del evangelio activo en tu vida?

- Lee Isaías 10:27.

b) ¿Qué relación tiene ese texto con el poder del evangelio?

c) ¿En qué forma tu vida está impactando a tu familia y comunidad?

❖ Conclusiones

Cristo nos hizo libres de todas las tradiciones, religiones, estructuras familiares, sociales y culturales. Tú y yo hemos recibido el poder transformador del evangelio que hace posible que los yugos de opresión sean rotos por el poder de la unción de Cristo (véase Isaías 10:27). Ahora podemos entender el título de esta lección, *El poder del evangelio.*

Cristo te dio el Espíritu Santo el cual habita en ti y te ayuda a ser libre de todas aquellas cosas que son contrarias a la nueva vida en Cristo. El poder del Espíritu Santo y la palabra de Dios te llevan a la transformación que necesitas. Todos los principios y valores cristianos tienen que ser recibidos en una nueva vasija, ya libre de la vieja y no debes admitir lo contrario. Como dice la Escritura no debemos poner paño nuevo en vestido viejo.

Acepta el cambio, acepta la obra que Dios quiere hacer en ti, acepta el modo en que lo está haciendo. Esta transformación te llevará a ser mejor en todo y más parecida a Él.

Tenemos la misión de llevar la palabra de Dios a muchas vidas que están necesitando que se les hable de Jesús —así como a nosotras, que un día se nos habló y estábamos en diferentes circunstancias pero con una misma necesidad, alcanzar salvación—. El evangelio es poder de Dios, Cristo nos dio la bendición de la salvación pero ahora tenemos que cumplir con la gran comisión de enseñar a otros el camino verdadero y único que nos lleva a Dios: Jesucristo.

Solo el poder del evangelio trae la unción transformadora de Cristo. Jesús comisionó a la Iglesia a ganar discípulos para Él enseñándoles sus valores y principios bíblicos; y por medio del

Espíritu Santo a hacer sanidades y milagros en su nombre. A las que hacemos esta obra de evangelizar y de testificar a otros del poder del evangelio les prometió estar siempre con nosotras. No hay dudas que su presencia y poder nos acompaña y donde quiera que vayamos su poder se manifiesta. Podemos testificar con nuestras propias vidas a la familia, vecinos, amistades, y a todos los que nos rodean. Cristo desea que vayamos y hablemos lo que Él ha hecho con nosotras. ¡Hazlo!

Jesús trajo cambios a esta mujer samaritana, a los discípulos y a estos hombres por medio del evangelio. Aún hoy lo continúa haciendo en muchos que le reciben, y este poder obra en sus vidas para la conversión y transformación. Llevemos esos cambios a nuestros hogares, iglesias, comunidades y naciones; una mujer que ha sido transformada por Jesús puede influir y contagiar de fe a otros mediante su testimonio.

Como esta mujer existen muchas de nosotras que nos hemos sentado con Él para recibir palabra y revelación. Hemos dejado el cántaro para ir a los nuestros a contarles llenas de gozo sobre ese encuentro de milagros, sanidades y liberaciones que hemos tenido con Jesús por medio de su poder.

Cada mujer que ha recibido a Cristo debe tener cuidado de no estar poniendo los nuevos principios bíblicos sobre antiguos valores adquiridos de este mundo lleno de tradiciones o transmitidos por sus progenitores.

La mujer que ha recibido a Cristo también tiene la tarea de cumplir con la gran comisión, llevar la palabra de vida a otros que le rodean y hacer de otros discípulos de Cristo; todo esto, acompañada del poder del Espíritu Santo, haciendo milagros y prodigios en el nombre de Jesús.

La misión de una mujer que ha recibido a Cristo es mostrar con su testimonio el poder que le transformó. Ella será instrumento de Dios para llevar transformación a familias, ciudades y naciones.

- Lee 2ª Corintios 5:17 y Romanos 10 y haz una oración basada en estos versículos bíblicos.

ONCE

El *rol* de la madre en Cristo.

Pero tú has seguido mi doctrina, conducta, propósito, fe, longanimidad, amor, paciencia, persecuciones, padecimientos, como los que me sobrevinieron en Antioquía, en Iconio, en Listra; persecuciones que he sufrido, y de todas me ha librado el Señor. [...] Pero persiste tú en lo que has aprendido y te persuadiste, sabiendo de quién has aprendido; y que desde la niñez has sabido las Sagradas Escrituras, las cuales te pueden hacer sabio para la salvación por la fe que es en Cristo Jesús (2ª Timoteo 3: 10, 14-17).

ONCE

El *rol* de la madre en Cristo.

❖ Introducción

La madre juega un papel muy importante en la vida de sus hijos. Dios le da en su palabra muchos consejos de cómo sería su labor y su dedicación fundados en sus valores divinos. Todas nosotras tenemos grandes expectativas en cuanto a la maternidad, pero solo Dios sabe conducirnos para que lo hagamos en beneficio de su creación y llevemos a nuestros hijos por los caminos eternos dando cumplimiento a lo dicho en las Escrituras y al propósito de Dios en la vida de ellos.

Esta lección está dedicada a la mujer en general, y aunque no hayas podido concebir un hijo aún no creas que será imposible, pues nuestro Dios es Todopoderoso y hará contigo como hizo con mujeres estériles en la Biblia que concibieron y sus hijos jugaron roles muy importantes en la historia. Solamente que te mantengas en la palabra de fe y que no dejes de orar y creer que Dios lo hará. Recuerda que Dios tiene un plan contigo y con tu descendencia y que todo lo que se quiere debajo del cielo tiene su hora. Espera en Dios. Estos consejos son para ti también para cuando te llegue el tiempo sepas como ser una madre en Cristo.

❖ Estudiando la palabra de Dios

- Lee Génesis 1:27-28

a) ¿Cuál fue el propósito de Dios cuando creó a Adán y Eva?

b) ¿Qué interrumpió el plan de Dios con la familia?

- Lee Éxodo 2:1-10.

c) ¿Qué ves de extraordinario en Jocabed como madre?

d) ¿Qué puedes interpretar de este versículo bíblico: Proverbio 1:8

- Lee 2ª Timoteo 3:3-5.

e) ¿Qué relación tiene la vida de Timoteo con Proverbio 1:8?

- Lee Proverbio 19:18.

f) ¿Qué dices Dios acerca de la corrección a los hijos?

❖ **Profundizando en la palabra de Dios**

11.1 Origen de la familia (Génesis 1:27-28)

Dios les encargó al hombre y a la mujer que se multiplicarán y fueran prolíferos[8] y además dominaran sobre la tierra y el reino animal. Fueron creados para formar relaciones de familia. Este propósito de Dios indica la importancia que Dios le da a la familia, la crianza de los hijos y la instrucción en la palabra de Dios.

11.1.1 Deberes familiares (Efesios 5:21-27; 6:1-9))

La familia debe estar sometida unos a otros en el temor a Dios, es decir, obedeciendo su palabra y viviendo según sus valores, principios, decretos y estatutos bíblicos. Esto funciona de la siguiente manera:

- ✓ La esposa debe someterse al liderazgo del esposo (Efesios 5:22-24).
- ✓ El esposo debe someterse a las necesidades de la esposa con amor y abnegación (vv.25-28).
- ✓ Los hijos deben someterse a la autoridad de los padres en obediencia (Efesios 6:1-3).
- ✓ Los padres deben someterse a las necesidades de los hijos y criarlos en la instrucción del Señor (v.4).

Así fue el plan original de Dios para la familia, pero Adán y Eva rompieron este diseño con el pecado cometido el cual trajo sufrimiento y angustia; nunca más fueron los mismos con Dios. El Creador quiso reparar a la familia estableciéndola como el núcleo de la sociedad y para eso envió a su Hijo Jesucristo a morir por el pecado y redimir al hombre. Por medio de Él la familia puede ser restituida, volver a su diseño original y vivir una experiencia de cambio; ese es el deseo de Dios en su corazón.

Toda mujer tiene la oportunidad de restaurar su vida, su matrimonio y su hogar, si busca en el oportuno socorro del Señor. Con la lectura de la Palabra y la orientación del Espíritu Santo recibirá la ayuda pertinente para jugar los roles como esposa y madre bajo los valores y preceptos bíblicos. Adán y Eva rompieron el diseño original de Dios; pero no se olvide que Cristo fue enviado para restaurarlo, y con su favor lo podemos lograr.

11.2 Ejemplo de madres en la Biblia

En la Biblia vemos la historia de muchas mujeres que no fueron perfectas y muchas de ellas tuvieron que esperar un tiempo considerable para poder alcanzar su deseo. Algunas tuvieron que hacer grandes hazañas para proteger a sus hijos, otras hicieron todo lo que estuvo a su alcance y

[8]*Prolíferos: fructíferos, fecundos, fértiles.*

más con tal de ver a sus hijos bendecidos; pero todas ellas tuvieron una cosa en común: su confianza en el Señor.

Estas mujeres amaban y dependían absolutamente de Dios, sabían que solo Él podía proveer sustento para ellas y sus hijos. Ellas cometieron muchos errores, pero siempre buscaron a Dios para que las ayudara; de todas ellas podemos aprender. A continuación te mostraré la labor materna de algunas de ellas y el provecho que dieron a sus hijos en su crianza.

- Sarah (madre de la fe) Génesis 17:9-15

Como Sarah era estéril y anciana hubo dudas en cuanto a la posibilidad de tener hijos; pero había una promesa de Dios dada a ellos, tendrían un hijo y le llamarían Isaac y así lo cumplió Dios. ¿Hay para Dios alguna cosa difícil?

- Agar (la madre que resistió) Génesis 21:15-21

Ella sabía que su hijo no era el de la promesa, pero no lo abandonó, resistió la situación, incluso, a todo lo que Sarah hizo para que Abraham la sacara del lugar. La Escritura dice que Dios no se olvidó de ellos dos. Él tenía un propósito para Ismael paralelo a su propósito para Isaac, haría de él una gran nación (v.18). Ella confió en Dios.

- Rebeca (la madre que actuó) Génesis 27: 6-13

Rebeca intervino en el destino de ambos hijos bajo la profecía que Dios le había dado; « Dos naciones hay en tu seno, y dos pueblos serán divididos desde tus entrañas; un pueblo será más fuerte que el otro pueblo, y el mayor servirá al menor» (Génesis 25:23).

- Jocabed (la madre con un plan) Éxodo 2:1-10

Ella encontró una manera de salvar la vida de su hijo Moisés —que fue la persona que Dios llamó para salvar a los israelitas de la esclavitud de Egipto—; ella confió en Dios y Él bendijo su plan.

- Elisabet (creyó en el milagro) Lucas 1:1-14

Elisabet era estéril, pero Dios le dio la bendición de concebir un hijo y ella creyó en el milagro. Dios la visitó siendo ya de edad avanzada, y le nació un varón al que llamó Juan —que fue la persona que bautizó a mucha gente y preparó el camino del Mesías—. Ella confió en Dios.

- María (bendita entre las mujeres) Lucas 1:30-35

Creyó que las promesas de Dios serían cumplidas, fue bendita por Dios, escogida entre todas las mujeres para instruir y cuidar al Hijo de Dios, Jesús.

Todas ellas fueron mujeres que vivieron en diferentes tiempos y enfrentaron diferentes situaciones como madres, pero tenían en común su confianza en Dios. Nosotras somos también madres así aunque viviendo bajo circunstancias diversas y difíciles, en un tiempo muy diferente al de ellas; pero «Jesucristo es el mismo ayer, y hoy, y por los siglos» (Hebreos 13:8).

Así como estas mujeres tampoco nosotras somos perfectas, hemos y estamos viviendo nuestras propias experiencias como madres, pero lo que más agrada Dios es nuestra obediencia[9], que confiemos y descansemos en Él. Nuestro Padre desea transformarnos, y que el rol de madres que jugamos no sea apoyado en las corrientes ni en los conceptos de este mundo sino en los suyos.

Recuerda que Dios nos ama, y nos creó para procrear, para que nos multipliquemos, para que seamos mujeres seguidoras de sus valores y principios bíblicos —que son lo único que da vida a una familia y asegura la eternidad con Dios—, y para que siguiendo sus enseñanzas tengamos una familia llena de su amor. Como los hijos de estas mujeres de la Biblia —quienes nacieron con un gran propósito—, nuestros hijos están siendo preparados para algo muy importante que Dios está por hacer; por esta razón, debemos cuidar bien de ellos. Perfeccionemos nuestra labor de madres espirituales creciendo en el conocimiento de Dios y buscando la transformación por medio del Espíritu Santo. No mires los errores pasados o los que aún estás cometiendo, mira más bien a aquel que puede borrar todos tus pecados y hacer de ti una nueva criatura, una madre diferente.

11.3 El *rol* de la madre según la palabra de Dios (Isaías 49:15)

Los hijos son un regalo de Dios y como tal los consideramos. La Escritura nos enseña que el amor materno es nuestra responsabilidad. En la palabra de Dios se nos ordena llevar a cabo varias tareas en la vida de los hijos; a continuación veremos algunas de ellas para que aprendamos cómo instruirlos ahora que estamos caminando con Dios:

11.3.1 Amar a sus hijos (1ªTesalonisenses 2:7)

Muchas madres no cuidan a sus hijos, los abandonan por placeres, los maltratan, los dejan en manos de otras personas, no les dan amor ni los protegen; pero Dios nos pide que los amemos. Todo aquel que ama ha nacido de Dios y conoce a Dios. La Biblia enseña que debemos amar a nuestros hijos con ternura, delicadeza y cariño. Dios es amor[10], y el amor es fruto del Espíritu Santo (véase Gálatas 5:22), y es Él quien nos enseña cómo manifestarlo de forma infalible en nuestros hijos.

11.3.2 Colaborar en la instrucción espiritual (Proverbio 1:8)

[9] *Dios prefiere la obediencia: «...a Dios le agrada más que lo obedezcan, y no que le traigan ofrendas...» (1ª Samuel 15:22, Biblia Lenguaje Sencillo) Leer los versículos del 1 al 22 y observe cómo la obediencia a Dios es más importante que todo lo demás.*

[10] *Véase algunos textos referente al amor y sus características en 1ª Juan 4:7-8; 1ª Corintios 13:4, 7-8; 1 Juan 4:18.*

Este texto bíblico es claro cuando dice que el hijo no debe descuidar la instrucción de una madre; quiere decir que es nuestra labor educarlos, y la mejor manera de cultivarlos en el Señor es comunicándoles la palabra de Dios. Podemos compartirles devocionales, establecer un tiempo de oración con ellos, llevarlos a la iglesia y guiarlos correctamente; haciendo esto nunca se apartarán de los caminos de Dios, es una promesa (véase Proverbio 22:6).

11.3.3 Enseñar las Escrituras (2ª Timoteo 3:15)

Nuestros hijos necesitan aprender y conocer a Dios. No es solamente que aprendan lo que les enseñan en las escuelas, ellos necesitan también ser enseñados en la palabra de Dios. Aunque en la iglesia ellos aprenden cada domingo, en el hogar deben ser instruidos. Hay algunos principios que como madres debemos enseñar a nuestros hijos, ellos deben saber lo siguiente:

- ✓ que es un ser creado por Dios,
- ✓ que Dios es creador de todo el universo,
- ✓ que el pecado entró por la desobediencia de Adán y Eva,
- ✓ sobre los diez mandamientos,
- ✓ acerca de la salvación por medio de Jesucristo,
- ✓ el padrenuestro,
- ✓ la vida y enseñanzas de Jesús,
- ✓ y sobre la persona del Espíritu Santo.

Conocer todo esto los prepara para su encuentro personal con Dios. Ellos tendrán su propia experiencia con el Señor y cuando tienen este conocimiento les será mejor. Estos principios bíblicos son ayuda para la fe de nuestros hijos y estarán siendo instruidos en la verdad bíblica.

11.3.4 Corregir a los hijos (Proverbio 19:18)

Muchas madres no corrigen a sus hijos, ya sea por negligencia, despreocupación o por lástima —no amonestarlos por lástima es un grave error—. La Biblia nos enseña que a los hijos se corrigen desde temprana edad para moldear la vida de ellos, para enseñarles la vida piadosa. Cuando no lo hacemos somos responsables de la ruina que vendrá después en sus vidas (véase Proverbio 13:24). La corrección no es abusar o golpear duramente —tenemos que tener esto claro—; la corrección es buena siempre que se haga con amor.

Todos estos consejos y muchos otros que nos ofrece la palabra de Dios pueden ayudarte en tu labor como madre. El rol de una madre en Cristo reúne una serie de verdades que están basadas en la palabra de Dios e indiscutiblemente serán de bendición a nuestros hijos y a nosotras, pongámoslas por obra.

Pero, ¿qué hace una madre que conoce a Jesús cuando sus hijos ya son maduros? Solamente orará por ellos y les compartirá la palabra de Dios hasta donde ellos le permitan. Tiene el deber de interceder por sus vidas y esperar en Dios. Su testimonio, su amor y dedicación, compartir la Palabra y orar con vehemencia serán las herramientas que ella utilizará para ver a sus hijos en el Señor; entonces, no te desanimes, puedes lograrlo. Dios los ama a ellos y a ti te escucha continuamente, confía en Dios.

❖ **Aplicación práctica**

a) ¿Cómo valoras las enseñanzas que Dios le da a las madres?

b) Testifica como está siendo útil para ti conocer lo que Dios dice a las madres sobre la crianza de los hijos.

c) ¿Por qué es importante corregir a los hijos?

❖ Conclusiones

- Lee 2ª Timoteo 1:3-5

a) ¿Qué resalta Pablo en la vida de Timoteo?

Lo que Pablo recuerda de su discípulo Timoteo es su **fe**; no una fingida, sino genuina. Sus palabras en estos versículos son claras en cuanto a la labor que su madre y su abuela hicieron en su vida espiritual; por eso Pablo también aprecia la fe que ellas le transmitieron a Timoteo desde que era un niño. Por sus palabras inferimos que el joven fue muy bien instruido en la palabra del Señor; su abuela y su madre dejaron un verdadero legado de fe, un legítimo amor por Dios y su palabra. Ellas se ocuparon muy bien de la enseñanza de Timoteo con constancia y virtud.

Timoteo creció en medio de una familia piadosa, fue amado por Pablo como hijo y lo acompañó en sus viajes misioneros; fue ordenado, enviado a la iglesia de Corinto, y estuvo a cargo de la iglesia en Éfeso. Gracias a la instrucción que recibió en su niñez pudo servir a Cristo al lado de Pablo.

- Lee y reflexiona 2ª Timoteo 3:15.

b) ¿Cómo puedes llevar este texto a tu vida y tus hijos?

Dios creó la familia con el propósito de que le adoraran y glorificaran; pero al romperse este plan por causa del pecado Él tuvo que darle una solución por medio de un sacrificio de amor, entregar a su Hijo unigénito, Jesucristo, el Verbo, la palabra de Dios. «Porque de tal manera amó Dios al mundo, que ha dado a su Hijo unigénito, para que todo aquel que en él cree, no se pierda, mas tenga vida eterna» (Juan 3:16). A través de Jesús, con la ayuda del Espíritu santo, tu vida y tu familia pueden ser restauradas.

Dios desea que como madre también recuperes tu rol; es su deseo que inicies tu nueva vida con sabiduría y que bajo sus parámetros bíblicos instruyas a tus hijos en la verdad. No importa cuánto te hayas equivocado, las veces que hayas fallado en la instrucción, lo rebeldes que puedan ser tus hijos, el descuido o desconocimiento que hayas podido tener como madre; Cristo te presenta ahora otro camino para recuperar lo perdido si sigues su voz.

Vimos cuántos consejos nos da Dios en las Escrituras y la bendición que trae a nosotras y a ellos que los escuchemos y obedezcamos; por consiguiente, seámosles de ejemplo en cuanto a obediencia y transformación. Es muy importante pretender ser esa madre según el diseño de Dios —que es totalmente contraria en muchos aspectos a la que somos sin Él—. Toma las instrucciones de Dios y comienza a orar por el cambio, por la bendición y por los hijos; además, da gracias también por su presencia en nuestras vidas y familia.

Como Timoteo, nuestros hijos pueden estar en algún propósito de Dios para su futuro y nosotras debemos estar colaborando con Dios en el proceso por medio de la buena instrucción que le damos. Tenemos la responsabilidad de que ellos sepan que no existen únicamente para ser alguien en la vida, más que todo, necesitan saber que existen para amar, glorificar y servir a Dios.

- Lee Lucas 18:16 y reflexionemos: ¿Qué estamos haciendo como madre? ¿Qué legado estamos preparando para dejarles?

DOCE

¿Existe la guerra espiritual?

Por lo demás, hermanos míos, fortaleceos en el Señor, y en el poder de su fuerza. Vestíos de toda la armadura de Dios, para que podáis estar firmes contra las asechanzas del diablo. Porque no tenemos lucha contra sangre y carne, sino contra principados, contra potestades, contra los gobernadores de las tinieblas de este siglo, contra huestes espirituales de maldad en las regiones celestes. Por tanto, tomad toda la armadura de Dios, para que podáis resistir en el día malo, y habiendo acabado todo, estar firmes (Efesios 6:10-13).

DOCE
¿Existe la guerra espiritual?

❖ Introducción

De todos los contenidos que existen acerca de la guerra espiritual, solamente en esta lección estaremos enseñando tres aspectos básicos que te ayudarán a enfrentar y superar grandes conflictos en tu vida. Para vencerlos es de suma importancia conocer a fondo las verdades bíblicas acerca de este tema, que las recibas con fe y las apliques con osadía porque esta batalla es real, y si no estamos preparadas espiritualmente y con la revelación bíblica necesaria no sabremos qué hacer ni cómo orar. Y sí, es muy cierto que la victoria es segura, Cristo venció y nos ha hecho más que vencedoras por medio de su muerte en la cruz y su resurrección; pero las mismas Escrituras nos advierte que tenemos una lucha contra huestes espirituales de maldad por lo que tenemos que fortalecernos constantemente para resistir hasta obtener la victoria (véase Efesios 6:12-13).

¿Acaso estás teniendo situaciones en tu vida que no entiendes por qué están sucediendo ni sabes cómo enfrentarlas? En breve conocerás las razones y las soluciones, pero iremos por paso, primero vamos a leer algunos textos de la Palabra.

❖ Estudiando la palabra de Dios

- Lee Génesis 30:1-13.

a) ¿Cuántos sentimientos negativos ves en Raquel y Lea?

b) ¿Qué significado tienen los nombres de los hijos que Raquel tuvo por medio de su sierva?

- Lee Lucas 4:1-13.

c) Escribe las tres tentaciones que le presentó Satanás a Cristo.

d) ¿Qué utilizó Jesús para responder a la tentación de Satanás?

- Lee Efesios 6:10-18.

e) ¿Contra quién es nuestra lucha y cómo debemos pelear?

f) ¿Cuál es la armadura que debe vestir el cristiano?

❖ Profundizando en lo estudiado

12.1 La realidad de dos reinos (Génesis 30:1-13)

En la vida de estas dos hermanas se ilustra la existencia de dos reinos, el de Satanás y el de Cristo. Ambas manifestaron emociones y actitudes contrarias al carácter de Dios, una batalla espiritual librada contra sus propias carnes. En este texto percibimos claramente los sentimientos de celos, envidias, egoísmos y dudas que había entre Raquel y Lea, como resultado de una competencia: darle descendientes a Jacob. En la manera de actuar se ve claramente cuánto de amargura y resentimiento había en sus corazones y cómo eso las llevó a actuar guiadas por sí mismas y no por Dios. No vemos en ningún momento que Dios les haya dicho que usaran a sus criadas para dar hijos a Jacob, mas, ellas así lo hicieron.

El reino de Satanás se manifestó en ellas a través de todos esos sentimientos que ellas permitieron, pero luego vemos como sufrieron las consecuencias. El reino de Dios había dado una promesa, mas, Raquel no esperó en esa promesa, el afán y la ansiedad le hicieron actuar por su propia cuenta usando a su criada para darle hijos a Jacob —esta era una práctica judía—, pero Dios no le dio esa instrucción, no era esa la forma en que Él obraría para que ocurriera el milagro. Lea también hizo lo mismo compitiendo con Raquel su hermana y así se resintieron sus corazones. Raquel estaba muy confundida y llena de dudas. Los nombres que les da a sus dos hijos concebidos con su criada dan clara evidencia de eso, pues, el significado de esos nombres muestra la rivalidad que existía entre ellas.

Dan significa *juez*; Neftalí, *mi lucha*. Creemos que ella oraba a Dios por su deseo de ser madre, pero actuó creyendo que esa era la forma en que Dios le iba a dar hijos, y estaba equivocada. El reino de Dios estaba gestando una bendición basada en la promesa que Dios le dio a Abraham, a Isaac y a Jacob: «En tu simiente serán benditas todas las naciones de la tierra» (Génesis 22:18); pero ellos no esperaron esa bendición, actuaron en su desesperación y en su propia opinión, y cuando la tentación llegó no la evadieron sino que la alimentaron.

Raquel, Lea y Jacob fueron influenciados por las mentiras, por el poder del pecado y las obras de su carne. No fueron capaces de combatir esos pensamientos ni sentimientos, sino que trayendo como fruto las acciones pecaminosas de una contra la otra utilizaron a sus criadas para lograr su deseo.

El reino de Satanás	**El reino de Cristo**
Satanás resuelto a destruir el reino de Dios	Cristo vino a destruir el reino de Satanás
Mt 4:1-11; 16:22-23	Lc 4:18-21; Jn 12:31; Hch 26:15-18; 1ªJn 3:8
Satanás tentó a Cristo	Cristo venció la tentación.
Mt 4:1-11; Heb 4:15	Mt 4:1-11; Heb 4:15
Los demonios retaron a Cristo	Cristo echó fuera demonios
Mr 1:24, 34; 3:11; 5:7	Mr 1:25-26; 3:12;7:24-30; 9:14-29; Lc 11:20-22

Satanás no puede resistir el poder de la cruz	Liberación del pecado y de la enfermedad mediante la cruz
2ª Co 4:10; Ap 12:10-11	Is 53, 1P 2:24
Al final Satanás será derrotado y destruido	La victoria final es de Cristo
Mt 25:41,46, Jn 16:11, Ap 20:10,14-15	2ª Ts 2:7-8; 2ª P3:10-13; Ap 17:14; 19:11-21

12.2 Modelo de Cristo

Cristo «... fue tentado en todo según nuestra semejanza, pero sin pecado» (Hebreos 4:15), y así como Jesús, también nosotras estamos siendo tentadas continuamente. Podemos leer en Mateo 4:1-11 que Jesús resistió a Satanás cuando estaba siento tentado por este, y el diablo le dejó. Este pasaje nos deja un ejemplo a seguir, Jesús. Nosotras hallaríamos ayuda en Él en medio de nuestras debilidades ¡Él es nuestro ayudador! Jesús tiene el poder para librarnos de toda tentación. Él nos dejó este modelo, lo vivió, y está relatado en los Evangelios de Mateo, Marcos y Lucas.

12.2.1 ¿Cómo se defendió Jesús de la tentación que le presentó Satanás? Si leemos ese relato vemos dos cosas significativas:

- ✓ Satanás lo tentó con la palabra de Dios para que pecara.
- ✓ Cristo se defendió con la palabra de Dios.

Satanás tentó a Jesús con el fin de apartarlo de la senda de la perfecta obediencia a la voluntad de Dios. En cada tentación Jesús se sometió a la autoridad de la palabra de Dios en vez de someterse a los deseos de Satanás. Él se defendió con la palabra de Dios.

12.2.2 ¿Qué puedo aprender de la tentación de Cristo?

- ✓ Satanás es el peor enemigo del creyente, estará librando una batalla espiritual siempre con las fuerzas invisibles —pero reales— del mal.
- ✓ Sin el Espíritu Santo y la apropiada palabra de Dios el creyente no puede vencer el pecado y la tentación.

12.2.3 Consejos para que sepas emplear correctamente la palabra de Dios en la batalla.

- ✓ Mediante la Palabra se obtiene el poder para resistir cualquier tentación que Satanás pueda presentar.
- ✓ Memorizar la palabra de Dios en el alma y en la mente de acuerdo a la batalla que esté librando.
- ✓ Meditar día y noche en los versículos que se han memorizado.

- ✓ Anunciar el pasaje o el versículo memorizado en el momento de la tentación.
- ✓ Reconocer y acatar el impulso del Espíritu Santo para obedecer la palabra de Dios.
- ✓ Orar al dar cada uno de estos pasos.

12.3 La armadura de Dios (Efesios 6:10-18)

Ya hemos aprendido la realidad de los dos reinos y el modelo fiel a seguir que Cristo nos dejó para librar la batalla de las tentaciones. Ahora entraremos a estudiar lo que debemos vestir como **armadura espiritual** para el creyente. Toda persona sin Cristo está desarmada, por eso es que nosotras —antes de venir a Él— enfrentábamos todos nuestros conflictos en nuestras propias fuerzas sin importar consecuencias, usando armas carnales que te traían más problemas, por eso terminábamos cansadas. Ahora, en Cristo, es diferente, Jesús nos entregó una armadura espiritual muy poderosa; leamos en qué consiste esta:

Efesios 6:14-18

> Por tanto, tomad toda la armadura de Dios, para que podáis resistir en el día malo, y habiendo acabado todo, estar firmes. Estad, pues, firmes, ceñidos vuestros lomos con la verdad, y vestidos con la coraza de justicia, y calzados los pies con el apresto del evangelio de la paz. Sobre todo, tomad el escudo de la fe, con que podáis apagar todos los dardos de fuego del maligno. Y tomad el yelmo de la salvación, y la espada del Espíritu, que es la palabra de Dios; orando en todo tiempo con toda oración y súplica en el Espíritu, y velando en ello con toda perseverancia y súplica por todos los santos.

Estar en Cristo no significa que estarás libre de los conflictos de la vida, pero te garantizo que en estas batallas tendrás a un valiente guerrero defendiéndote y enseñándote cómo pelear de otro modo; su armadura es espiritual, ahora enfrentarás tus debilidades, tus dificultades, tentaciones y pruebas como Él lo hizo, con la palabra de Dios y el Espíritu Santo.

12.3.1 ¿Quién es el enemigo y cómo enfrentarlo?

Los creyentes viven en un conflicto espiritual contra el mal. Jesucristo mismo mediante su muerte en la cruz aseguró la victoria del creyente. Libró una batalla triunfante contra Satanás, desarmó a los principados y a las potestades del mal.

- Lee y comparte su interpretación con otros:
  a) Mateo 12:28-29
  b) Lucas 10:18
  c) Juan 10:10
  d) Colosenses 2:15

Cristo redimió al creyente del poder de Satanás, pero nosotras y todos los creyentes libramos una batalla espiritual hasta que Cristo venga.

¿La batalla es contra quiénes?	¿Los enfrentamos cómo?
✓ La batalla es contra «... los deseos carnales que batallan dentro del alma» (1ª Pedro 2:11): «... adulterio, fornicación, inmundicia, lascivia, idolatría, hechicerías, enemistades, pleitos, celos, iras, contiendas, disensiones, herejías, envidias, homicidios, borracheras, orgías, y cosas semejantes a estas» (Gálatas 5:19-21). ✓ «Contra principados, contra potestades, contra los gobernadores de las tinieblas de este siglo, contra huestes espirituales de maldad en las regiones celestes» (Efesios 6:12). ✓ Contra los placeres impíos del mundo y toda clase de tentaciones (véase Mateo 13:21-23).	✓ Los enfrentamos condenando al pecado y no amando los placeres mundanos, aborreciendo sus obras separados del sistema del mundo actual. (véase Juan 7:7; Gálatas 5:19-25; Santiago 1:12-15). ✓ Los enfretamos tomando toda la armadura de Dios, ciñiendo nuestros lomos con la verdad. Vistiéndonos con la coraza de justicia, calzando nuestros pies con el apresto del evangelio de la paz. Sobre todo, tomando el escudo de la fe —con él podremos apagar todos los dardos de fuego del maligno—, y tomando además, el yelmo de la salvación y la espada del Espíritu —que es la palabra de Dios—. Orando en todo tiempo con toda oración y súplica en el Espíritu, y velando en ello con toda perseverancia y súplica por todos los santos (Efesios 6:13-18).
▪ En su lucha de fe se nos llama a soportar los sufrimientos (véase 2ª Timoteo 2:3), a sufrir por el evangelio (véase 2ª Corintios 11:23), a luchar por la fe sin temer a nuestros adversarios (véase Filipenses 1:27-28) y que nos hagamos fuertes en las batallas (Hebreo 11:34).	

Cuando leemos Efesios 6:10-18 vemos cuál es esa armadura que vistió Jesús y la que debemos vestir nosotras en todo tiempo para enfrentar a nuestros enemigos. Este pasaje también nos enseña que la lucha no es contra nuestra familia, nuestros esposos u otras personas, sino contra fuerzas espirituales de maldad que nos atacan y tientan constantemente para hacernos caer. Estos principales enemigos son, nuestra carne, el mundo y Satanás; poniéndonos la armadura espiritual de Dios podremos derribar sus argumentos, los pensamientos, y todo dardo de fuego del maligno. Seamos portadoras de la palabra de Dios y dejemos que el Espíritu Santo nos conduzca durante esta batalla contra el pecado, contra los malos pensamientos, contra la antigua manera de vivir y actuar, contra toda palabra corrompida, contra los deseos mundanos —vicios, orgías, borracheras, apetitos sexuales, vanidades, chismes, murmuraciones, deseos de venganza, mentiras, lujuria, promiscuidad, ira, envidia, vanagloria, enojo, odio, rencor, idolatría—, y muchos otros apetitos carnales que vienen de nosotras mismas y que solo puede ser peleada con la armadura espiritual de Dios.

- **La armadura espiritual:**

  - ✓ La verdad de Dios ceñida a nuestros lomos (la verdad de la palabra de Dios, el entendimiento de la verdad de Dios).
  - ✓ La coraza de justicia (la justicia recibida por gracia por medio de Cristo).
  - ✓ Calzados los pies con el apresto del evangelio de la paz (la disposición de proclamar el evangelio en todo tiempo).
  - ✓ El escudo de la fe (arma de defensa y protección).
  - ✓ El yelmo de la salvación (el casco que cubre la cabeza para guardar los pensamientos. Muchas batallas son libradas en la mente del cristiano).
  - ✓ La espada del Espíritu, la palabra de Dios (la lectura de la Biblia diaria y memorizar las Escrituras).

Cada una de estas seis piezas antes mencionadas debemos vestirla en **constante oración** (v.18) para fortalecernos espiritualmente.

❖ Aplicación práctica

a) ¿Cuáles han sido tus recientes experiencias en la guerra espiritual?

b) ¿Podrías decir algunos versículos que has memorizado y que te han ayudado en las batallas?

c) Lee Efesios 6:10-18. Haga una oración basada en el texto bíblico y su situación presente.

❖ Conclusiones

La existencia de dos reinos es real, el reino de Satanás —que es un gobierno de tinieblas—, y el reino de Cristo —que es un gobierno de luz—. Gracias al Señor que «... nos llamó de las tinieblas a su luz admirable» (1ª pedro 2:9); nos rescató de aquella antigua manera de vivir y nos dio una vida nueva, ahora pertenecemos a Jesús. « De modo que si alguno está en Cristo, nueva criatura es; las cosas viejas pasaron; he aquí todas son hechas nuevas» (2ª Corintios 5:17).

Cristo obtuvo victoria utilizando la palabra de Dios, la usó como arma cuando estaba siendo tentado por el diablo en el desierto. Jesús es el modelo a seguir, cuando nos encontremos ante alguna adversidad, tentación o ante cualquier batalla espiritual debemos preguntarnos qué hubiera hecho Él en nuestro lugar.

En la cruz del Calvario Jesucristo venció a Satanás, resucitó al tercer día venciendo a la muerte y al pecado. Juntamente con Él hemos resucitado[11] en vida nueva y hemos recibido una nueva vestidura con la cual podemos vencer las tentaciones. Vestidas con ella estaremos siempre preparadas para el día malo como dice la Escritura. No podrás derrotar al enemigo si no te cubres con esta armadura que Pablo describe en el libro de Efesios. Toda mujer que busca victoria en su vida debe enfrentar sus batallas vestida espiritualmente con estas vestiduras, de otra manera siempre fracasará y será vencida por el enemigo.

Hemos estado estudiando sobre cómo ser esa nueva mujer, aquella conforme al corazón de Dios, pero si crees que es fácil o que puedes hacerla en tus fuerzas te equivocas. La mujer nueva que Dios está haciendo en ti solo podrá producir esos nuevos frutos en tu carácter y en tu vida si te sometes a Dios y a su palabra. Muchas veces tendrás que librar batallas donde el enemigo te atacará para derribarte, pero recuerda siempre esta lección, Dios te ha dado la victoria por medio de Jesucristo. Él te ha entregado vestiduras de guerrera para que puedas vencer tus debilidades, tentaciones, argumentos que Satanás ha puesto en tu mente, valores carnales y mundanos, tradiciones y principios sociales que por años guiaron tu conducta —pero ya no más—. Ahora tu vida está siendo dirigida por Dios y su palabra.

[11] *Véase Efesios 2:5-6; Colosenses 2:13.*

Preguntas de reflexión final

Hemos estado estudiando y profundizando en las Escrituras algunos de los valores y principios bíblicos que una mujer de Dios debe conocer y traer a su vida. Con la ayuda de la palabra de Dios y el Espíritu Santo podemos lograrlo, es necesario no solo conocerlos sino también que sean practicados, por eso te animo a tener una vida de comunión con la palabra de Dios y su Espíritu Santo para que puedas vencer las áreas de cambios.

a) ¿Cuál ha sido tu experiencia después de recibir estos estudios?

b) ¿Cuál o cuáles fueron los temas que más trataron contigo para cambios?

c) ¿Has pensado en discipular a otra mujer con este libro de discipulado? ¿Por qué?

Yo doy gracias a Dios que has podido llegar a esta última lección de este *Discipulado para la mujer cristiana*. Doy gracias al Espíritu Santo que ha sido el inspirador para escribir estas lecciones basadas en la palabra de Dios y que te hacen sabia para alcanzar madurez y crecer en el conocimiento de Jesucristo, nuestro Señor y Salvador. Seguir a Jesús y su palabra trae bendición y vida.

Te aseguro, mi hermana, que si continúas sus instrucciones sin mirar a las circunstancias que puedas estar viviendo, ahora mismo serás recompensada por Dios.

Jesucristo dice: «Yo soy el camino, y la verdad y la vida…» (Juan 14:6). Seguir sus enseñanzas y sus principios bíblicos nos afirmarán en su camino y en su verdad, tendremos vida en nosotras y traeremos vida a nuestros hogares.

Dios te bendiga.

Agradecimientos

Agradezco a Dios por darme la bendición de recibir su palabra y el don del Espíritu Santo, la persona más maravillosa que conozco, quien me ha inspirado y revelado el mensaje escrito en este libro. Solamente a través de Él puedo recibir estas palabras de sabiduría, las cuales transforman a cada mujer que las lea y se relacione con ellas. También agradezco a mi esposo, siempre animándome a que escriba y viendo en mí muchas posibilidades de servir a tantas mujeres que necesitan ser alentadas y conocer de Cristo. A mi madre preciosa, mis hijas Liselys y Dianelys, a mis yernos; todos ellos me demostraron confianza en Dios y muchas veces me confortaron y creyeron que yo lo haría, ellos son parte importante en mi vida. No puedo dejar de mencionar a mis preciosos nietos, Melany, Caleb y Elías, y a otros que puedan venir en el futuro; ellos son fruto del amor de Dios, también a ellos estoy agradecida. A mis hermanas y amigas en Cristo que también me animaron mucho a escribir este libro reconociendo la gran necesidad de discipular a las mujeres de Dios en temas como estos, gracias. Todos ellos, y tú también, mujer que has estudiado este manual, son motivos para que yo escriba y les dedique este libro, las amo en Cristo y les deseo muchas bendiciones y cambios —que estoy convencida, estás viéndolos desde el comienzo de este material—, y agradezco a Dios haber sido un instrumento más en tu vida que es preciosa en Jesús.

Made in the USA
Columbia, SC
06 July 2025

60313193R00078